중국어 문법

모해연 저

중국어 문법

인쇄 2021년 2월 19일 초판 1쇄
발행 2021년 2월 25일 초판 1쇄

지은이 모해연
펴낸이 신아사
펴낸곳 PB PRESS(피비 프레스)
디자인 박성희(디자인 바오밥)

출판등록 2018년 1월 23일 제348-25100-2020-000004호
주소 대구광역시 달성군 다사읍 왕선로54, 404호
전화 053-201-8886
팩스 053-217-8886
홈페이지 www.pbpress.kr
전자우편 pbpress21@naver.com

정가 17,500원

ISBN 979-11-90699-10-5 (93720)

파본은 구입처에서 교환해 드립니다.

| **머리말** |

최근 한국 중국어 분야에서 회화책 이외에도 많은 문법책들이 출판된 것은 매우 반가운 일이다. 그러나 아쉽게도 대부분의 책은 품사에서 시작하여, 문장을 분류하며 서술하고 있다. 중국어를 모국어로 하는 사람 위주로 문법체계가 설명되어 있기 때문에 외국어 학습자들이 주로 부딪히는 문제를 해결하기 어렵다. 외국어 학습자에게 있어서 문법을 논하는 것은 말할 필요도 없이 그들이 말하지 못하던 것을 말할 수 있도록 방향을 제시하고, 중국어의 문법형식으로 자신의 뜻을 표현해 낼 수 있게 하는 것이라고 생각한다. 이것이 바로 필자가 이 책을 쓰게 된 동기이다. 이 책은 내용과 구성상 아래와 같은 특징이 있다.

1. 일반 문법서의 품사, 문장성분, 구문을 논하는 형식에서 벗어나 필요한 문법내용을 표현과 결합하여 간단한 서술표현, 의문표현, 시간표현, 수량표현, 강조표현, 비교표현과 특수구문 등으로 나눠 서술하였다.

2. 매 단원 구성은 4단계로 나누어져 있다. 첫 번째 단계는 언어환경을 설정하고 어떠한 경우에 이와 같은 표현을 사용하는지를 설명한다. 두 번째 '기초탄탄' 단계에서는 첫 번째 단계에서 언급된 표현에 대한 구체적인 용법을 설명한다. 세 번째 '실력쑥쑥' 단계에서는 기타 관련된 용법이나 혼동하기 쉬운 문법내용을 주로 다루고, 마지막으로 '연습톡톡'에서는 교체, 순서배열, 작문 등 다양한 연습을 통해서 학습한 중국어문법을 확실히 다질 수 있도록 하였다.

3. 이 책은 초중급 수준의 중국어 학습자를 대상으로 하여 가능하면 난해한 문법개념과 서술을 피하고 간단명료하게 설명하였다. 그리고 최근에 중국인들이 즐겨 쓰는 '粉丝, 网红, 手机支付'와 같은 유행어들을 활용하여 재미있고 일상생활에 바로 쓸 수 있는 실용적인 예문들을 제시하여 학습자들의 중국어회화 능력을 높일 수 있도록 하였다.

마지막으로, 이 책은 문법 설명과 체계상의 특이성으로 인해 미흡한 부분이나 오류를 피할 수 없을 것이다. 독자 여러분의 기탄 없는 지적을 부탁드리며 여러분의 중국어 공부에 조금이나마 도움이 되기를 바란다. 아울러 기꺼이 출판에 응해 주신 피비프레스 신아사 대표님과 여러 차례의 수정 요청에도 언제나 성심으로 응대해 주신 편집자께 진심 어린 감사의 말씀을 드린다.

지은이 씀

목차

01 간단한 서술문 1
1. 판단의 표현 '是' 8
2. 소유의 표현 '有' 12
3. 존재의 표현 '在' 17
4. 사물의 성질 표현 21
5. 간단한 동작의 서술 26

02 간단한 서술문 2
1. 주장의 표현 '觉得' 34
2. 계획의 표현 '打算' 39
3. 기호의 표현 '喜欢' 44
4. 변화의 표현 '了' 49

03 의문의 표현
1. 예/아니오 의문문 56
2. 정반의문문 60
3. 의문대명사 의문문 65
4. 선택의문문 '是~还是' 75
5. '呢'를 사용한 의문문 79

04 명령과 감탄의 표현
1. 명령의 표현 86
2. 청유의 표현 90
3. 감탄의 표현 95

05 수량의 표현
1. 수사의 용법 — 102
2. 양사의 용법 — 108
3. 어림수의 표현 — 114
4. '一点儿' vs '有点儿' — 119

06 시간과 공간의 표현
1. 시간사의 용법 — 126
2. 시간부사 '再, 又, 就, 才'의 용법 — 133
3. 처소사의 용법 — 139
4. 기점과 종점의 표현 — 144

07 능력, 가능, 허가, 소망, 당위의 표현
1. 능력의 표현 '会' — 152
2. 가능의 표현 '能' — 157
3. 허가의 표현 '可以' — 161
4. 소망의 표현 '想, 要' — 165
5. 의무·당위의 표현 '应该, 得' — 171

08 시태의 표현
1. 가까운 미래의 표현 '要+동사~了' — 178
2. 진행의 표현 '正在/正/在+동사' — 183
3. 지속의 표현 '동사+着' — 189
4. 완료의 표현 '동사+了' — 194
5. 경험의 표현 '동사+过' — 200

09 비교의 표현
1. '比'를 사용한 비교 '~보다' — 206
2. '有'를 사용한 비교 '~만큼' — 212
3. '跟~一样'을 사용한 비교 '~와 같다' — 216

10 강조의 표현
1. '连~都/也'를 사용한 강조 — 222
2. '是~的'구문을 사용한 강조 — 227
3. 기타 강조문 — 232

11 문장의미의 확장
1. 관형어와 그의 표지 '的' — 240
2. 부사어와 그의 표지 '地' — 245
3. 결과보어 — 250
4. 방향보어 — 256
5. 정태보어 — 263
6. 가능보어 — 268
7. 수량보어 — 273

12 특수구문
1. 연동문(连动文) — 282
2. 겸어문(兼语文) — 287
3. 존현문(存现文) — 292
4. '把'자문 — 297
5. '被'자문 — 303

13 복문
1. 병렬복문 — 312
2. 종속복문 — 318

연습정답 — 326

1

간단한 서술문 1

1. 판단의 표현 '是'
2. 소유의 표현 '有'
3. 존재의 표현 '在'
4. 사물의 성질 표현
5. 간단한 동작의 서술

1. 판단의 표현 '是'

우리는 보통 자기소개를 할 때, 자신의 이름이나 직업, 그리고 가족사항 등을 이야기합니다. 예를 들어 "我是(Wǒ shì)~", "这是我的名片(Zhè shì wǒ de míngpiàn)"과 같은 말을 사용합니다. 여기서 '是'는 '이다'라는 의미를 나타냅니다. 자, 이와 같은 가장 기본적인 표현 '是'을 사용해서 중국인과 대화를 시작해 봅시다.

기초 탄탄

1 긍정형

A是B   A는 B입니다

我**是**韩国人。 나는 한국인이다.
Wǒ shì Hánguórén.

这**是**我朋友。 이 분이 제 친구입니다.
Zhè shì wǒ péngyou.

2 부정형

A不是B   A는 B가 아닙니다

他**不是**我哥哥。 그는 제 오빠[형]가 아니예요.
Tā bú shì wǒ gēge.

那**不是**我的钱。 그것은 내 돈이 아니다.
Nà bú shì wǒ de qián.

3 의문형

A是B吗? / A是不是B?   A는 B입니까?

你**是**中国人**吗**? 당신은 중국인입니까?
Nǐ shì Zhōngguórén ma?

她是不是你女朋友? 그녀는 당신의 여자친구입니까?
Tā shì bu shì nǐ nǚpéngyou?

④ 분류

A是B的   A는 B의 것입니다

这手机是我的。 이 핸드폰이 내 것이다.
Zhè shǒujī shì wǒ de.

我的包是新的。 내 가방은 새 것이다.
Wǒ de bāo shì xīn de.

실력 쑥쑥

① 존재의 의미

'是'는 또한 "어디는 ~입니다"라는 표현으로 존재의 의미를 나타낸다.

一楼是餐厅。 1층은 식당이다.
Yì lóu shì cāntīng.

前边是超市。 앞에는 마트이다.
Qiánbian shì chāoshì.

② 대답으로 쓰임

'是'는 한국어 '예'와 같이 질문에 대한 대답으로도 많이 쓰인다.

A: **您是李先生吗?** 당신이 미스터 리입니까?
   Nín shì Lǐ xiānsheng ma?

B: **是, 我是。** 예. 맞습니다.
   Shì, wǒ shì.

연습 톡톡

1 주어진 단어로 교체하면서 말하고, 문장도 적어 보세요.

1) 我是韩国留学生。[公司职员 / 大学生 / 上班族]
   _____

2) 这是我朋友。[同学 / 同事 / 同屋]
   _____

3) 他是不是你先生？[男友 / 父亲 / 哥哥]
   _____

4) 这东西不是我的。[包 / 衣服 / 手机]
   _____

2 지시에 따라 문장을 바꾸어 보세요.

1) 我们是好朋友。(의문문)
   _____

2) 那本书是他的。(부정문)
   _____

3) 她是网红。(부정문)
   _____

4) 我是他的粉丝。(의문문)
   _____

5) 他是我男朋友。(정반의문문)
   _____

3 다음 문장을 중국어로 옮겨 보세요.

1) 우리는 옛 동창이다.
   _____

2) 이것은 당신의 차예요 아니예요?
   _____

3) 이것은 당신의 생각입니까?
   _____

4) 저 노트북은 그의 것이다.
   _____

5) 그녀는 내 여동생이지 여자친구가 아니다.
   _____

어휘
留学生 liúxuéshēng 유학생   上班族 shàngbānzú 직장인   同事 tóngshì 동료, 동업자   同屋 tóngwū 룸메이트
网红 wǎnghóng 인플루엔서(Influencer); 网络红人의 준말   粉丝 fěnsī 팬(fans)   意见 yìjiàn 의견, 생각

2. 소유의 표현 '有'

친구와 약속을 잡을 때 "你有时间吗?(Nǐ yǒu shíjiān ma?)"라고 자주 묻습니다. 이번에는 소유의 의미를 나타내는 '有'에 대해 공부해 볼까요?

기초 탄탄

1 긍정형

~有~   ~이/가 있다(~을/를 가지고 있다)

我家有四口人。 우리 집은 네 식구이다.
Wǒ jiā yǒu sì kǒu rén.

明天我有时间。 내일 나는 시간이 있다.
Míngtiān wǒ yǒu shíjiān.

2 부정형

~没有~   ~이/가 없다(~을/를 가지고 있지 않다)

我没有钱。 나는 돈이 없다.
Wǒ méiyou qián.

我没有课。 나는 수업이 없다.
Wǒ méiyou kè.

3 의문형

~有~吗? / ~有没有~?   ~이/가 있습니까?

你有事儿吗? 일이 있나요?
Nǐ yǒu shìr ma?

你有没有约? 약속이 있나요?
Nǐ yǒu méiyou yuē?

4 강조

~只有~ ~밖에 없다

我心里只有你。 내 마음속에 당신밖에 없다.
Wǒ xīnli zhǐ yǒu nǐ.

他只有一个孩子。 그는 아이가 하나만 있다.
Tā zhǐ yǒu yí ge háizi.

주의

* 부정할 때 목적어가 있으면 '有'를 생략해도 된다.

我没(有)房子。 나는 집이 없다.
Wǒ méi(you) fángzi.

* 단독으로 대답할 때는 '没有'로 해야 한다.

A: **明天你有安排吗?** 내일 일정이 있나요?
　　Míngtiān nǐ yǒu ānpái ma?

B: **没有。** 없어요.
　　Méiyou.

* 정반의문문은 '~有没有'라는 형식도 쓸 수 있고 '~有~没有'라는 형식도 쓸 수 있다.

你有没有汽车? 자동차가 있나요?
Nǐ yǒu méiyou qìchē?

你有汽车没有?
Nǐ yǒu qìchē méiyou?

* 부정문에서는 일반적으로 수량사가 목적어 앞에 쓰이지 않는다.

我没有一个中国朋友。(X) 나는 중국인 친구가 한 명도 없다.
Wǒ méiyou yí ge Zhōngguó péngyou.

我一个中国朋友也没有。(O)
Wǒ yí ge Zhōngguó péngyou yě méiyou.

실력 쑥쑥

* '有'의 다른 용법들

1 존재의 의미

장소+有+불특정한 사람(사물)

公园里有很多人。 공원에 많은 사람들이 있다.
Gōngyuán li yǒu hěn duō rén.

这附近有便利店吗? 여기 근처에 편의점이 있나요?
Zhè fùjìn yǒu piànlìdiàn ma?

2 어느 정도에 도달함을 나타낸다

他有一米八高。 그의 키는 180cm다.
Tā yǒu yì mǐ bā gāo.

这个西瓜有十斤重。 이 수박의 무게는 10근이다.
Zhè ge xīguā yǒu shí jīn zhòng.

3 '有'를 이용한 여러 가지 표현들

有人 yǒu rén   어떤 사람

有时侯 yǒu shíhou   어떤 때

有一天 yǒu yì tiān   어느 날

有的是 yǒu de shì   얼마든지

有的是钱 yǒu de shì qián   돈은 얼마든지 있다

有的是办法 yǒu de shì bànfǎ   방법은 얼마든지 있다

연습 톡톡

1 주어진 단어로 교체하면서 말하고, 문장도 적어 보세요.

1) 我有智能手机。[平板电脑 / 他的照片 / 孩子]
___

2) 我没有空儿。[办法 / 机会 / 时间]
___

3) 你有照相机吗? [铅笔 / 自行车 / 钱]
___

4) 你有没有意见? [问题 / 兄弟姐妹 / 安排]
___

2 틀린 부분을 찾아 고쳐 보세요.

1) 我包里不有手机。
___

2) A: 你有哥哥吗? B: 没。
___

3) 教室里没有一个人。
___

4) 明天我们没有上课。
___

5) 你有不有好的办法?
___

3 다음 문장을 중국어로 옮겨 보세요.

1) 여기에 화장실이 있습니까?
   _____

2) 그는 외국인 친구가 많다.
   _____

3) 우리 집에는 강아지가 없다.
   _____

4) 당신은 아이가 몇 명 있습니까?
   _____

5) 오늘 저녁에는 모임이 없다.
   _____

어휘 智能手机 zhìnéng shǒujī 스마트 폰   平板电脑 píngbǎn diànnǎo 태블릿 PC   机会 jīhuì 기회
照相机 zhàoxiàngjī 사진기, 카메라   铅笔 qiānbǐ 연필   意见 yìjiàn 의견, 이의   聚会 jùhuì 모임

3. 존재의 표현 '在'

우리는 공공장소에 가면 "请问, 洗手间在哪儿?(Qǐng wèn, xǐshǒujiān zài nǎr?)"라는 질문을 하곤 합니다. 이와 같이 사람이나 물건, 또는 어떤 장소가 어디에 있는지를 나타낼 때 동사 '在'를 씁니다.

기초 탄탄

1 긍정형

~在+장소   ~에 있다

A: 你家在哪儿? 집이 어디에요?
Nǐ jiā zài nǎr?

B: 我家在首尔。 우리 집은 서울에 있어요.
Wǒ jiā zài Shǒu'ěr.

A: 车钥匙在哪儿? 차 키는 어디에 있나요?
Chē yàoshi zài nǎr?

B: 车钥匙在桌子上。 차 키는 탁자 위에 있어요.
Chē yàoshi zài zhuōzi shang.

2 부정형

~不在+장소   ~에 없다

我妈妈不在家。 우리 엄마는 집에 안 계신다.
Wǒ māma bú zài jiā.

李老师不在办公室。 이 선생님은 사무실에 안 계신다.
Lǐ lǎoshī bú zài bàngōngshì.

3 의문형

~在+장소+吗? / ~在不在+장소?   ~에 있습니까?

小明在教室吗? 샤오밍이 교실에 있나?
Xiǎo míng zài jiàoshì ma?

书在不在你那儿? 책이 너한테 있니?
Shū zài bu zài nǐ nàr?

* '在'는 전치사로도 쓰인다. '~에서'라는 의미이며 주로 '주어+장소+동사'와 같은 구조를 이룬다.

在+장소+동사　~에서 ~하다

A: 你爸爸在哪儿工作? 당신 아버지는 어디에서 일하십니까?
Nǐ bàba zài nǎr gōngzuò?

B: 他在公司工作。 그는 회사에서 일합니다.
Tā zài gōngsī gōngzuò.

A: 我们在哪儿见面? 우리는 어디에서 만날까?
Wǒmen zài nǎr jiànmiàn?

B: 我们在电影院门口见吧。 우리는 극장 입구에서 만나자.
Wǒmen zài diànyǐngyuàn ménkou jiàn ba.

실력 쑥쑥

* '在'와 '有'는 모두 존재를 나타내지만 사용할 때 차이가 있다.

특정한 사람(사물)+在+장소　(특정한 사람/사물)~이 ~에 있다

李明在我家。 리밍씨는 우리 집에 있다.
Lǐ Míng zài wǒ jiā.

杂志在桌子。 잡지는 탁자 위에 있다.
Zázhì zài zhuōzi shang.

장소+有+불특정한 사람(사물)　~에 (불특정 사람/사물)~이 있다

办公室里有人。 사무실에 사람이 있다.
Bàngōngshì li yǒu rén.

桌子上有一本杂志。 탁자 위에 잡지 한 권이 있다.
Zhuōzi shang yǒu yì běn zázhì.

연습 톡톡

1 주어진 단어로 교체하면서 말하고, 문장도 적어 보세요.

1) 地铁站在哪儿? [图书馆 / 超市 / 售票处]
   _____

2) 医院在前边。[护照-包里 / 东西-我这儿 / 便利店-旁边]
   _____

3) 桌子上有一台电脑。[沙发上-两只小猫 / 书包里-几本书 / 房间里-一张床]
   _____

4) 他在图书馆学习。[餐厅-吃饭 / 商店-买东西 / 酒吧-喝酒]
   _____

2 틀린 부분을 찾아 고쳐 보세요.

1) 休息室里有他。
   _____

2) 我看电视在家。
   _____

3) 一杯咖啡在桌子上。
   _____

4) 那本汉语书在她。
   _____

5) 他的书包没有手机。
   _____

3 다음 문장을 중국어로 옮겨 보세요.

1) 내 지갑은 어디에 있습니까?
   _____

2) 우체국은 바로 길 맞은 편에 있다.
   _____

3) 내일은 나는 집에 없을 것이다.
   _____

4) 책상 위에 컴퓨터 한 대가 있다.
   _____

5) 그녀들은 커피숍에서 커피를 마시고 있다.
   _____

어휘
售票处 shòupiàochù 매표소   护照 hùzhào 여권   便利店 biànlìdiàn 편의점   沙发 shāfā 소파   小猫(儿) xiǎomāo(r) (새끼)고양이   餐厅 cāntīng 식당   酒吧 jiǔbā 바(bar), 술집   书包 shūbāo 책가방   笔记本电脑 bǐjìběn diànnǎo 노트북

4. 사물의 성질 표현

"날씨가 더워요"와 같은 문장을 중국어로 "天气是很热" 이렇게 옮기는 학습자가 종종 있습니다. 이것은 영어 문법규칙과 혼동하여 범한 오류입니다. 중국어에서 사물의 성질을 표현할 때 쓰이는 형용사는 직접 서술어가 될 수 있기 때문에 위 문장은 '天气很热(Tiānqì hěn rè)'라고 해야 합니다. 이제 사물의 성질을 어떻게 묘사해야 하는지 한번 볼까요?

기초 탄탄

1 긍정형

주어+형용사

那个女孩很漂亮。 그 여자는 예쁘다.
Nà ge nǚhái hěn piàoliang.

这件衣服很贵。 이 옷은 비싸다.
Zhè jiàn yīfu hěn guì.

2 부정형

주어+不+형용사 ～하지 않다   不太+형용사 그다지 ～하지 않다

我今天不忙。 나는 오늘 바쁘지 않다.
Wǒ jīntiān bù máng.

汉语不太难。 중국어는 그다지 어렵지 않다.
Hànyǔ bú tài nán.

3 의문형

주어+형용사+吗? / 주어+형용사+不+형용사? ～합니까?

这个菜好吃吗? 이 요리는 맛있나요?
Zhè ge cài hǎochī ma?

天气冷不冷? 날씨가 추워요 춥지 않아요?
Tiānqì lěng bu lěng?

* 형용사 앞의 '很'의 역할

1) '很'이 있을 때

'很'이 긍정문에서 사용될 때는 주로 형식적으로 형용사 앞에 부가될 뿐 '매우, 대단히'와 같이 정도를 나타내는 의미가 없다. 이때 '很'은 가볍게 발음한다.

他孩子很聪明。 그의 아이는 똑똑하다.
Tā háizi hěn cōngming.

这里的东西很便宜。 여기 물건들은 저렴하다.
Zhèli de dōngxi hěn piányi.

2) '很'이 없을 때

긍정문에서 형용사가 단독으로 서술어로 쓰일 때는 비교나 대조의 의미를 나타낸다. '아주, 대단히'라는 의미를 나타내려면 '很'을 사용하여 강하게 읽거나, 형용사 앞에 '非常'과 같은 부사를 부가한다.

这种手机贵，那种便宜。 이런 핸드폰은 비싸고, 저런 핸드폰은 싸다.
Zhè zhǒng shǒujī guì, nà zhǒng piányi.

这本书容易，那本书难。 이 책은 쉽고 저 책은 어렵다.
Zhè běn shū róngyi, nà běn shū nán.

她很苗条。 그녀는 아주 날씬하다.
Tā hěn miáotiao.

这些水果非常新鲜。 이 과일들은 아주 신선하다.
Zhè xiē shuǐguǒ fēicháng xīnxiān.

실력 쑥쑥

1 정반의문문

정반의문문이란 긍정과 부정을 연달아 사용하여 의문을 나타내는 구문이다.

1) 정반의문문에는 형용사 앞에 '很, 也' 등 부사를 쓸 수 없다.

你饿不饿? (○) 넌 배가 고파 고프지 않아?
Nǐ è bu è?

你很饿不饿? (X)

2) 정반의문문은 끝에 의문 어기조사 '吗'를 쓰지 않는다.

来的人多不多? (○) 온 사람들이 많아요 많지 않아요?
Lái de rén duō bu duō?

来的人多不多吗? (X)

3) 긍정으로 대답할 때는 형용사 앞에 '很'이 있어야 한다.

A: 最近你忙不忙? 요즈음 바빠요 바쁘지 않아요?
   Zuìjìn nǐ máng bu máng?

B: 我很忙。 저 바빠요.
   Wǒ hěn máng.

2 자주 쓰이는 형용사

好看 hǎokàn	보기 좋다, 예쁘다	难看 nánkàn	보기 싫다, 밉다
好听 hǎotīng	듣기 좋다	难听 nántīng	듣기 싫다
好吃 hǎochī	맛있다	难吃 nánchī	맛이 없다
好学 hǎoxué	배우기 쉽다	难学 nánxué	배우기 어렵다

연습 톡톡

1 주어진 단어로 교체하면서 말하고, 문장도 적어 보세요.

1) 天气很暖和。[房间-干净 / 泡菜-辣 / 衣服-漂亮]

　_____

2) 那个电影好看不好看? [她男朋友-帅 / 咖啡-苦 / 东西-贵]

　_____

2 틀린 부분을 찾아 고쳐 보세요.

1) 景色是很美。

　_____

2) 我爸爸身体好。

　_____

3) 他个子很高不高?

　_____

4) 你也是不是学生?

　_____

5) 东西便宜不便宜吗?

　_____

3 다음 문장을 중국어로 옮겨 보세요.

1) 중국요리는 아주 맛있다.
   _____

2) 이번 시험은 어렵습니까?
   _____

3) 오늘은 기분이 별로 좋지 않다.
   _____

4) 밖은 춥고, 안은 따뜻해요.
   _____

5) 그 영화는 아주 재미있어요.
   _____

어휘 暖和 nuǎnhuo 따뜻하다   泡菜 pàocài 김치   帅 shuài 멋지다, 영준하다   苦 kǔ 쓰다   景色 jǐngsè 경치, 풍경
高 gāo (키가) 크다   考试 kǎoshì 시험   心情 xīnqíng 기분   有意思 yǒuyìsi 재미있다

5. 간단한 동작의 서술

중국어와 한국어의 가장 큰 차이는 어순에 있는데, 한국어의 어순은 '주어+목적어+동사'인 반면 중국어는 '주어+동사+목적어' 순서입니다. 예를 들어 한국어에서는 "나는 영화를 본다"라고 하지만 중국어에서는 "我看电影(Wǒ kàn diànyǐng)"이라고 합니다. 그러면 동사가 서술어 역할을 하는 동사술어문을 살펴볼까요?

기초 탄탄

1 긍정형

주어+동사+목적어

我去中国。 나는 중국에 간다.
Wǒ qù Zhōngguó.

她学习汉语。 그녀는 중국어를 공부한다.
Tā xuéxí Hànyǔ.

2 부정형

주어+不+동사+목적어

我不喝酒。 나는 술을 마시지 않는다.
Wǒ bù hē jiǔ.

今天我不去学校。 오늘 저는 학교에 가지 않아요.
Jīntiān wǒ bú qù xuéxiào.

3 의문형

주어+동사+목적어+吗? / 주어+동사+不+동사+목적어?

你喝咖啡吗? 커피를 마실래요?
Nǐ hē kāfēi ma?

你看不看电影? 영화를 볼래요?
Nǐ kàn bu kàn diànyǐng?

* 去/来+(장소)+동사+(목적어)　~하러 (~에) 가다/오다

我去买书。 나는 책을 사러 간다.
Wǒ qù mǎi shū.

我去书店买书。 나는 책을 사러 서점에 간다.
Wǒ qù shūdiàn mǎi shū.

我们去唱歌。 우리는 노래를 부르러 간다.
Wǒmen qù chànggē.

我们去KTV唱歌。 우리는 노래를 부르러 KTV에 간다.
Wǒmen qù KTV chànggē.

我来看病。 나는 진찰을 받으러 온다.
Wǒ lái kàn bìng.

我来医院看病。 나는 진찰을 받으러 병원에 온다.
Wǒ lái yīyuàn kàn bìng.

我来吃饭。 나는 밥을 먹으러 온다.
Wǒ lái chī fàn.

我来食堂吃饭。 나는 밥을 먹으러 식당에 온다.
Wǒ lái shítáng chī fàn.

* 동사를 중첩하면 '~해 보다, 잠깐 ~하다'라는 의미를 나타낸다.

我尝尝这个菜。 내가 이 요리를 맛 볼게.
Nǐ chángchang zhè ge cài.

你们休息休息吧。 너희들 좀 쉬어.
Nǐmen xiūxi xiūxi ba.

실력 쑥쑥

1 이합사

중국어에서 동사 자체가 '동사+목적어' 구조로 된 '이합사'는 다른 동사와 달리 그 뒤에 더 이상 목적어를 가질 수 없다. 그 예로 '见面, 帮忙, 毕业, 结婚, 留学, 聊天' 등이 있다.

× 我去见面朋友。

→ 我去见朋友。(我去和朋友见面。) 나는 친구를 만나러 간다.
　　Wǒ qù jiàn péngyou. (Wǒ qù hé péngyou jiànmiàn.)

× 我来帮忙你。

→ 我来帮你。(我来帮你的忙。) 내가 너를 도와 줄게.
　　Wǒ lái bāng nǐ. (Wǒ lái bāng nǐ de máng.)

× 我明年毕业大学。

→ 我明年大学毕业。 나는 내년에 대학을 졸업한다.
　　Wǒ míngnián dàxué bìyè.

2 일부 동사는 목적어를 가질 수 없다

그 예로 '休息, 送行, 旅行, 旅游, 出发' 등이 있다.

× 他去旅行中国。

→ 他去中国旅行。 그는 여행하러 중국에 간다.
　　Tā qù Zhōngguó lǚxíng.

× 我们去送行朋友。

→ 我们去给朋友送行。 우리는 친구를 배웅하러 간다.
　　Wǒmen qù gěi péngyou sòngxíng.

연습 톡톡

1 주어진 단어로 교체하면서 말하고, 문장도 적어 보세요.

1) 他做作业。[学英语 / 看电视 / 玩手机]

___

2) 我去超市买东西。[餐厅-吃饭 / 公司-上班 / 公园-玩儿]

___

2 틀린 부분을 찾아 고쳐 보세요.

1) 他迟到上课了。

___

2) 我去散步公园。

___

3) 我明年去留学中国。

___

4) 他经常帮忙朋友。

___

5) 我弟弟今年毕业高中。

___

3 다음 문장을 중국어로 옮겨 보세요.

1) 그들은 영화를 보러 극장에 간다.
   _____

2) 많은 중국인들이 한국에 관광하러 온다.
   _____

3) 당신은 한국 드라마를 봅니까, 안 봅니까?
   _____

4) 나는 토요일에 회사에 출근하지 않는다.
   _____

5) 우리는 함께 바닷가에 놀러 간다.
   _____

어휘 作业 zuòyè 숙제, 과제 超市 chāoshì 슈퍼마켓 玩儿 wánr 놀다 迟到 chídào 지각하다 散步 sànbù 산책하다
留学 liúxué 유학하다 电视剧 diànshìjù 드라마 海边 hǎibian 바닷가

memo

2

간단한 서술문 2

1. 주장의 표현 '觉得'
2. 계획의 표현 '打算'
3. 기호의 표현 '喜欢'
4. 변화의 표현 '了'

1. 주장의 표현 '觉得'

우리는 대화하면서 자신의 의견이나 생각을 자주 말합니다. 이때 중국어로 '我觉得(Wǒ juéde~)'라는 표현을 사용하는데, '~라고 생각해'라는 의미를 나타냅니다. 대화 중에 활용도가 높은 표현이니 꼭 마스터하세요.

기초 탄탄

① 긍정형

~觉得+형용사/구/문장   ~라고 생각하다

我觉得很好吃。 나는 맛있다고 생각한다.
Wǒ juéde hěn hǎochī.

我觉得很不错。 나는 좋다고 생각한다.
Wǒ juéde hěn búcuò.

我觉得汉语语法不难。 나는 중국어 문법이 어렵지 않다고 생각한다.
Wǒ juéde Hànyǔ yǔfǎ bù nán.

我觉得那个男孩很帅。 나는 그 남자가 멋지다고 생각한다.
Wǒ juéde nà ge nánhái hěn shuài.

② 부정형

~不觉得~ / ~觉得~不~   ~라고 생각하지 않는다

我不觉得炸酱面好吃。 나는 짜장면이 맛있다고 생각하지 않는다.
Wǒ bù juéde zhájiàngmiàn hǎochī.

我觉得东西不便宜。 나는 물건이 싸다고 생각하지 않는다. / ~싸지 않다고 생각한다.
Wǒ juéde dōngxi bù piányi.

3 의문형

~觉得~吗? / ~觉得~긍정+부정   ~라고 생각합니까?

你觉得这个电影有意思吗? 너는 이 영화가 재미있다고 생각하니?
Nǐ juéde zhè ge diànyǐ yǒu yìsi ma?

你觉得咖啡苦不苦? 너는 커피가 쓰다고 생각하니?
Nǐ juéde kāfēi kǔ bu kǔ?

~觉得~怎么样?   ~에 대해 어떻게 생각합니까?

你觉得怎么样? 어떻게 생각하니?
Nǐ juéde zěnmeyàng?

你觉得菜的味道怎么样? 요리의 맛이 어떻다고 생각하니?
Nǐ juéde cài de wèidào zěnmeyàng?

你觉得这本书怎么样? 이 책에 대해 어떻게 생각하니?
Nǐ juéde zhè běn shū zěnmeyàng?

실력 쑥쑥

1 기타 용법

'觉得'는 또한 "~을/를 느끼다"라는 의미로 자신의 느낌을 표현할 수 있다.

我觉得很饿。 나는 배가 고프다고 느낀다.
Wǒ juéde hěn è.

我觉得有点儿累。 나는 약간 피곤하다고 느낀다.
Wǒ juéde yǒudiǎr lèi.

我觉得头有点疼。 나는 머리가 약간 아프다고 느낀다.
Wǒ juéde tóu yǒudiǎnr téng.

我觉得身体不舒服。 나는 몸이 편치 않다고 느낀다.
Wǒ juéde shēntǐ bù shūfu.

❷ 유사 표현

'认为' 또한 '~라고 여기다, ~로 생각하다'라는 의미를 나타내는데, 확신한다는 어감이 강하며 구어체보다 문어체에 많이 쓰인다.

我认为他的话有道理。 나는 그의 말이 일리가 있다고 생각한다.
Wǒ rènwéi tā de huà yǒu dàoli.

我认为这样做不行。 나는 이렇게 하면 안 된다고 생각한다.
Wǒ rènwéi zhèyàng zuò bù xíng.

'以为'는 '认为'와 같은 용법으로도 쓰이지만, 주로 '~인 줄 알았다'란 의미를 나타낸다.

我以为你没有意见。 나는 네가 의견이 없는 줄 알았다.
Wǒ yǐwéi nǐ méiyou yìjiàn.

我以为他是你男朋友。 나는 그가 너의 남자친구인 줄 알았다.
Wǒ yǐwéi tā shì nǐ nánpéngyou.

연습 톡톡

1 주어진 단어로 교체하면서 말하고, 문장도 적어 보세요.

1) 我觉得很有意思。[遗憾 / 可惜 / 难过]
   _____

2) 我觉得这件衣服很漂亮。[这个房间-干净 / 这个工作-不错 / 济州岛-美]
   _____

3) 我不觉得这次考试容易。[这件事-奇怪 / 生活-无聊 / 这个歌-好听]
   _____

4) 你觉得这张画怎么样?[这个电视剧 / 那个学校 / 她男朋友]
   _____

2 틀린 부분을 찾아 고쳐 보세요.

1) 我觉得不交通方便。
   _____

2) 你觉得怎么样这个电影?
   _____

3) 我认为肚子有点儿不舒服。
   _____

4) 我认为自己是对的,原来我错了。
   _____

5) 我认为她是日本人,没想到她是韩国人。
   _____

3 다음 문장을 중국어로 옮겨 보세요.

1) 나는 커피가 맛있다고 생각한다.
   _____

2) 나는 그의 머리가 멍청하지 않다고 생각한다.
   _____

3) 나는 생활이 아주 충실하다고 느낀다.
   _____

4) 그의 생각이 맞다고 생각하니?
   _____

5) 거기의 생활 환경이 어떻다고 생각하십니까?
   _____

遗憾 yíhàn 유감스럽다   **可惜** kěxī 애석하다   **难过** nánguò 괴롭다   **考试** kǎoshì 시험   **奇怪** qíguài 이상하다
无聊 wúliáo 지루하다   **画** huà (그림을) 그리다   **交通** jiāotōng 교통   **方便** fāngbiàn 편리하다   **笨** bèn 멍청하다
充实 chōngshí 충실하다

2. 계획의 표현 '打算'

생활 중에 우리는 앞으로의 계획이나 예정에 대해 말하곤 합니다. 중국어로는 '打算(dǎsuan)'이라는 표현을 사용하여 '~할 예정이다', '~할 생각이다'라는 의미를 나타냅니다.

기초 탄탄

❶ 긍정형

~打算+동사/동사구 ~ 할 예정/작정이다

我打算申请。 나는 신청할 예정이다.
Wǒ dǎsuàn shēnqǐng.

他打算去中国留学。 그는 중국에 유학을 갈 작정이다.
Tā dǎsuàn qù Zhōngguó liúxué.

我打算参加这个活动。 나는 이 활동을 참가할 작정이다.
Wǒ dǎsuàn cānjiā zhè ge huódòng.

明年我打算去欧洲旅行。 나는 내년에 유럽에 여행하러 갈 예정이다.
Míngnián wǒ dǎsuàn qù Ōuzhōu lǚxíng.

❷ 부정형

~不打算~/~打算~不   ~할 예정이 아니다/~하지 않을 작정이다

我不打算回国。 나는 귀국할 예정이 아니다.
Wǒ bù dǎsuan huí guó.

周末我不打算见朋友。 나는 주말에 친구를 만날 예정이 아니다.
Zhōumò wǒ bù dǎsuan jiàn péngyou.

她打算一直不结婚。 그녀는 계속 결혼하지 않을 작정이다.
Tā dǎsuan yìzhí bù jiéhūn.

3 의문형

1) ~打算~吗 / ~打(算)不打算   ~할 예정입니까?

你打算买房子吗? 너는 집을 살 예정이니?
Nǐ dǎsuan mǎi fángzi ma?

你打不打算考大学? 너는 대학 시험을 볼 예정이니?
Nǐ dǎ bu dǎsuan kǎo dàxué?

2) ~打算+의문대체사(什么时候 / 哪儿 / 谁...)+~?   언제/어디/누구~ 할 예정입니까?

你打算什么时候搬家? 너는 언제 이사할 예정이니?
Nǐ dǎsuan shénme shíhou bān jiā?

这次你们打算去哪儿玩? 이번에는 너희들은 어디에 놀러 갈 예정이니?
Zhè cì nǐmen dǎsuan qù nǎr wán?

你打算跟谁一起去? 너는 누구와 같이 갈 예정이니?
Nǐ dǎsuan gēn shéi yìqǐ qù?

실력 쑥쑥

1 '打算'의 기타 용법

'打算'은 생각, 계획이라는 뜻의 명사로도 쓰인다.

你有什么打算? 무슨 계획이 있나요?
Nǐ yǒu shénme dǎsuan?

说说你的打算。 너의 계획을 좀 말해 봐.
Shuōshuo nǐ de dǎsuan.

你做一下新学期的打算。 새 학기 계획을 좀 짜 봐요.
Nǐ zuò yíxià xīn xuéqī de dǎsuan.

② '打算'의 의미와 유사한 표현

'准备+동사(구)' 또한 '~할 예정이다, ~할 계획이다'라는 의미를 나타낸다.

我**准备**买汽车。 나는 자동차를 살 계획이다.
Wǒ zhǔnbèi mǎi qìchē.

他**准备**明年结婚。 그는 내년에 결혼할 계획이다.
Tā zhǔnbèi míngnián jiéhūn.

* '计划+동사(구)'도 '~할 계획이다'라는 의미를 나타낸다. 이 외에 '计划'는 명사로도 쓰인다.

我们**计划**去香港旅行。 우리는 홍콩에 여행 갈 계획이다.
Wǒmen jìhuà qù Xiānggǎng lǚxíng.

这个假期我**计划**学开车。 이번 방학에 나는 운전을 배울 계획이다.
Zhè ge jiàqī wǒ jìhuà xué kāi chē.

这是我的学习**计划**。 이것은 나의 학습계획이다.
Zhè shì wǒ de xuéxí jìhuà.

연습 톡톡

1 주어진 단어로 교체하면서 말하고, 문장도 적어 보세요.

1) 这个周末我打算去见朋友。[去看电影 / 去爬山 / 打工]
   _____

2) 我不打算去留学。[生孩子 / 买房子 / 跟他结婚]
   _____

3) 你打算换工作吗? [读研究生 / 考公务员 / 去农村生活]
   _____

4) 你打算什么时候结婚? [几点出发 / 送什么礼物 / 住在哪儿]
   _____

2 올바른 순서로 배열하여 문장을 만들어 보세요.

1) 计划 的 今年 有 什么 你 新
   _____

2) 哪 大学 打算 你 个 报考 弟弟
   _____

3) 父母 打算 这个 他 周末 家 回 看
   _____

4) 现在 韩国 不 结婚 打算 年轻人 很多
   _____

5) 中秋节 旅行 跟 你 家人 一起 吗 去 打算
   _____

3 다음 문장을 중국어로 옮겨 보세요.

1) 대학 졸업한 후 창업을 할 생각이다.
   _____

2) 올해 여름에 나는 휴가가지 않을 작정이다.
   _____

3) 이번 주발에 여자친구와 데이트할 예정이다.
   _____

4) 언제 중국에 유학하러 갈 예정입니까?
   _____

5) 저는 이번 방학에 아직 특별한 계획이 없습니다.
   _____

어휘
爬山 pá shān 산에 오르다　　打工 dǎgōng 아르바이트하다　　研究生 yánjiūshēng 대학원생　　公务员 gōngwùyuán 공무원
送 sòng 선물하다　　报考 bàokǎo 시험에 응시하다　　中秋节 Zhōngqiū Jié 추석, 한가위　　创业 chuàngyè 창업하다
度假 dùjià 휴가를 보내다

3. 기호의 표현 '喜欢'

자신이 흥미가 있거나 좋아하는 분야의 내용을 표현할 수 있다면 중국어 실력이 아직 부족하더라도 자신이 주인공이 되어 즐거운 대화가 이루어질 수 있습니다. 평소에 자신이 취미나 흥미가 있는 분야에 대해서 표현방법을 향상시키는 것이 중국어 실력이 부쩍부쩍 느는 지름길이니까요. '我喜欢(Wǒ xǐhuan~)나는 ~을 좋아하다'은 바로 좋아하는 것을 말할 때 사용하는 표현입니다.

기초 탄탄

1 긍정형

~喜欢+명사/동사(구)/문장　~을/를 좋아한다

我喜欢那个男孩。 나는 그 남자를 좋아한다.
Wǒ xǐhuan nà ge nánhái.

我喜欢小狗。 나는 강아지를 좋아한다.
Wǒ xǐhuan xiǎo gǒu.

我很喜欢运动。 나는 운동을 아주 좋아한다.
Wǒ hěn xǐhuan yùndòng.

我非常喜欢画画儿。 나는 그림 그리는 것을 아주 좋아한다.
Wǒ fēicháng xǐhuan huà huàr.

2 부정형

~不喜欢~　~을/를 좋아하지 않는다

我不喜欢喝酒。 나는 술 마시는 것을 좋아하지 않는다.
Wǒ bù xǐhuan hē jiǔ.

我弟弟不喜欢学习。 내 남동생은 공부를 좋아하지 않는다.
Wǒ dìdi bù xǐhuan xuéxí.

3 의문형

~喜欢~吗? / ~喜(欢)不喜欢~   ~을/를 좋아합니까?

你喜欢这个歌手吗? 너는 이 가수를 좋아하니?
Nǐ xǐhuan zhè ge gēshǒu ma?

你喜(欢)不喜欢吃泡菜。 너는 김치 먹는 것을 좋아하니?
Nǐ xǐ(huan)bu xǐhuan chī pàocài?

喜欢+~의문대명사(什么/谁)   무엇을/누구를 좋아합니까?

A: **你喜欢什么?** 너는 무엇을 좋아하니?
　　Nǐ xǐhuan shénme?

B: **我喜欢音乐。** 나는 음악을 좋아해.
　　Wǒ xǐhuan yīnyuè.

A: **你喜欢做什么?** 너는 뭐 하는 것을 좋아하니?
　　Nǐ xǐhuan zuò shénme?

B: **我喜欢玩儿游戏。** 나는 게임하는 것을 좋아해.
　　Wǒ xǐhuan wánr yóuxì.

A: **你喜欢哪个演员?** 너는 어느 배우를 좋아하니?
　　Nǐ xǐhuan nǎ ge yǎnyuán?

B: **我喜欢玄彬。** 나는 현빈이 좋아.
　　Wǒ xǐhuan Xuán Bīn.

실력 쑥쑥

기호를 나타내는 다른 표현

1 '爱'의 용법

'爱'라는 단어를 사용하여 취미를 표현할 수 있다.

1) 爱+명사　~을/를 사랑하다

我爱你。 Wǒ ài nǐ. 나는 당신을 사랑해.

我爱艺术。 Wǒ ài yìshù. 나는 예술을 사랑한다.

2) 爱+동사(구)　~을/를 좋아하다

我爱唱歌。 Wǒ ài chànggē. 나는 노래 부르는 것을 좋아한다.

我爱做菜。 Wǒ ài zuò cài. 나는 요리하는 것을 좋아한다.

我爱玩儿手机。 Wǒ ài wánr shǒujī. 나는 핸드폰을 가지고 노는 것을 좋아한다.

我很爱睡懒觉。 Wǒ hěn ài shuì lǎnjiào. 나는 늦잠 자는 것을 아주 좋아한다.

※ '爱'는 명사로도 쓰인다.

A: 你的最爱是什么? 네가 가장 좋아하는 것은 무엇이니?
　　Nǐ de zuì ài shì shénme?

B: 我的最爱是足球。 내가 가장 좋아하는 것은 축구야.
　　Wǒ de zuì ài shì zúqiú.

你永远是我的最爱。 당신은 영원히 내가 가장 사랑하는 사람이다.
Nǐ yǒngyuǎn shì wǒ de zuì ài.

❷ '爱好'의 용법

'爱好'라는 단어를 사용하여 취미도 표현할 수 있다.

A: 你有什么爱好? 너는 무슨 취미가 있니?
　　Nǐ yǒu shénme àihào?

B: 我喜欢打棒球。 나는 야구 하는 것을 좋아해.
　　Wǒ xǐhuan dǎ bàngqiú.

A: 你的爱好是什么? 너의 취미는 무엇이니?
　　Nǐ de àihào shì shénme?

B: 我的爱好是听音乐。 나의 취미는 음악을 듣는 것이다.
　　Wǒ de àihào shì tīng yīnyuè.

연습 톡톡

1 주어진 단어로 교체하면서 말하고, 문장도 적어 보세요.

1) 我喜欢吃面包。[喝啤酒 / 看电视剧 / 逛街]
   _____

2) 我不喜欢看书。[爬山 / 吃辣的 / 踢足球]
   _____

3) 你喜欢旅行吗? [学外语 / 购物 / 游泳]
   _____

4) 我特别爱聊天。[吃海鲜 / 玩游戏 / 喝奶茶]
   _____

2 올바른 순서로 배열하여 문장을 만들어 보세요.

1) 喜欢　很　视频　我　看
   _____

2) 美食　的　最　我　爱　是
   _____

3) 什么　最　喜欢　你　运动　做
   _____

4) 一个人　我　喜欢　旅行　去
   _____

5) 太　辣　我　吃　爱　不　泡菜
   _____

3 다음 문장을 중국어로 옮겨 보세요.

1) 그는 담배 피우는 것을 싫어한다.
   _____

2) 당신은 무슨 영화를 좋아합니까?
   _____

3) 나는 혼자 밥 먹고, 술 마시는 것을 좋아한다.
   _____

4) 많은 중국인들이 한국 드라마 보는 것을 좋아한다.
   _____

5) 나는 돼지고기 먹는 것을 좋아하고 쇠고기를 싫어한다.
   _____

어휘
面包 miànbāo 빵   啤酒 píjiǔ 맥주   逛街 guàngjiē 거리 구경을 하다   辣 là 맵다, 매운 맛   踢 tī 차다
海鲜 hǎixiān 해산물   奶茶 nǎichá 밀크티   视频 shìpín 동영상   美食 měishí 맛있는 음식   抽烟 chōuyān 담배 피우다
韩剧 Hánjù 한국 드라마   猪肉 zhūròu 돼지고기   牛肉 niúròu 쇠고기

4. 변화의 표현 '了'

'날씨가 추워졌다', '머리가 길어졌다'처럼 생활 중에 늘 변화가 일어나죠? 중국어로는 "天气冷了(Tiānqì lěng le)", "头发长了(Tóufa cháng le)"라고 합니다. 이와 같이 어기조사 '了'를 사용하면 상황의 변화를 나타냅니다. 그러면 변화와 관련된 표현을 배워 볼까요?

기초 탄탄

1 긍정형

1) ~형용사+了   ~아/어졌다

天冷了。 날씨가 추워졌다.
Tiān lěng le.

你好像瘦了。 네가 마른 것 같아.
Nǐ hǎoxiàng shòu le.

她的脸红了。 그녀의 얼굴이 빨개졌다.
Tā de liǎn hóng le.

他的病好了。 그의 병이 좋아졌다.
Tā de bìng hǎo le.

2) ~동사+(목적어)+了   ~았/었다, ~이/가 생겼다

我有工作了。 나는 직장이 생겼다.
Wǒ yǒu gōngzuò le.

外边下雨了。 밖에 비가 왔다.
Wàibian xià yǔ le.

他最后同意了。 그가 마지막에 동의했다.
Tā zuìhòu tóngyì le.

3) ~명사+了 ~이/가 되었다

春天了。 봄이 되었다.
Chūntiān le.

他今年二十了。 그가 올해 20살이 되었다.
Tā jīnnián èrshí le.

② 부정형

~没(有)+형용사/동사 ~지 않았다

苹果还没红。 사과는 아직 빨개지지 않았다.
Píngguǒ hái méi hóng.

外边没下雪。 밖에는 눈이 내리지 않았다.
Wàibian méi xià xuě.

③ 의문형

~동사/형용사/명사+了? ~았/었습니까?

你有男朋友了吗? 너는 남자친구가 생겼니?
Nǐ yǒu nánpéngyou le ma?

你的肚子饱了吗? 너의 배가 불렀니?
Nǐ de dùzi bǎo le ma?

你今年三十了吗? 당신은 올해 30살이 되셨습니까?
Nǐ jīnnián sānshí le ma?

④ 부정문의 문장 끝에 사용하여 변화의 의미를 갖는다

~不+동사+了 ~ 더 이상 ~하지 않다, ~하지 않기로 했다

他现在不工作了。 그가 지금 더 이상 일을 하지 않는다.
Tā xiànzài bù gōngzuò le.

他有事，不来了。 그가 일이 있어 오지 않기로 했다.
Tā yǒu shì, bù lái le.

我感冒了，今天不去上课了。 나는 감기에 걸려서 오늘 수업에 가지 않기로 했다.
Wǒ gǎnmào le, jīntiān bú qù shàngkè le.

실력 쑥쑥

① '变+형용사+了'

'变+형용사+了'라는 구조로도 변화의 의미를 나타낸다.

他的头发变白了。 그의 머리가 하얗게 변했다.
Tā de tóufa biàn bái le.

运动以后，她变瘦了。 운동한 후에 그녀는 살이 빠졌다.
Yùndòng yǐhou, tā biàn shòu le.

他们的关系变好了。 그들의 관계가 좋아졌다.
Tāmen de guānxi biàn hǎo le.

② '형용사+多了'

'형용사+多了' 구조는 많은 변화가 일어났다는 의미를 나타낸다.

东西贵多了。 물건들이 많이 비싸졌다.
Dōngxi guì duō le.

天气暖和多了。 날씨가 많이 따뜻해졌다.
Tiānqì nuǎnhuo duō le.

房间干净多了。 방이 많이 깨끗해졌다.
Fánjiān gānjìng duō le.

③ '형용사+了+一点儿'

'형용사+了+一点儿' 구조는 약간의 변화가 일어났다는 의미를 나타낸다.

个子高了一点儿。 키가 약간 컸다.
Gèzi gāo le yìdiǎnr.

感冒好了一点儿。 감기 조금 좋아졌다.
Gǎnmào hǎo le yìdiǎnr.

头发长了一点儿。 머리가 조금 길었다.
Tóufa cháng le yìdiǎnr.

연습 톡톡

1 주어진 단어로 교체하면서 말하고, 문장도 적어 보세요.

1) 我有时间了。[对象 / 钱 / 机会]

2) 花开了。[树叶-黄 / 眼睛-红 / 手机-丢]

3) 天气凉快了一点儿。[游客-少 / 条件-好 / 头发-短]

4) 我打算不去看电影了。[参加活动 / 看演唱会 / 去公园玩儿]

2 올바른 순서로 배열하여 문장을 만들어 보세요.

1) 了　雨　咱们　吧　出发　停

2) 秋天　天气　了　多　凉快　了

3) 听说　你　女朋友　哥哥　了　有

4) 他　爷爷　头发　白　的　变　了

5) 没　亮　他　起床　天　就　了

3 다음 문장을 중국어로 옮겨 보세요.

1) 다이어트를 한 후에 그녀는 많이 날씬해졌다.
   _____

2) 난 몸이 편치 않아 놀러 가지 않기로 했다.
   _____

3) 감기에 걸렸다고 들었는데 다 나았어요?
   _____

4) 나는 돈이 생겨서 걱정하지 않게 되었다.
   _____

5) 배가 고프니 우리 밥 먹으러 갑시다.
   _____

어휘
对象 duìxiàng 결혼[연애]의 상대　树叶 shùyè 나뭇잎　眼睛 yǎnjing 눈　凉快 liángkuai 시원하다　游客 yóukè 관광객
演唱会 yǎnchànghuì 콘서트(concert)　停 tíng 멈추다　亮 liàng 날이 밝다　起床 qǐchuáng 일어나다, 기상하다
减肥 jiǎnféi 다이어트하다　担心 dānxīn 걱정하다

3

의문의 표현

1. 예/아니오 의문문
2. 정반의문문
3. 의문대명사 의문문
4. 선택의문문 '是~还是'
5. '呢'를 사용한 의문문

1. 예/아니오 의문문

대화 중에 늘 질문을 하죠? 중국어에서는 어기조사 '吗', '吧'를 사용해 의문문을 만들 수 있습니다. 평서문의 본래 어순을 바꿀 필요없이 문장 끝에 '吗', '吧'를 붙이면 됩니다. 다만 말을 할 때는 문장 끝을 가볍게 올려서 읽습니다.

기초 탄탄

1 평서문+吗?

1) 형용사술어문+吗?

A: 意大利面好吃吗? 스파게티 맛있어요?
   Yìdàlìmiàn hǎochī ma?

B: 好吃。 / 不好吃。 맛있어요. / 맛없어요.
   Hǎochī. Bù hǎochī.

A: 这次考试难吗? 이번 시험이 어려워요?
   Zhè cì kǎoshì nán ma?

B: 很难。 / 不太难。 어려워요. / 그다지 어렵지 않아요.
   Hěn nán. Bú tài nán.

2) 동사술어문+吗?

A: 你同意他的意见吗? 그의 의견에 동의해요?
   Nǐ tóngyì tā de yìjiàn ma?

B: 同意。 / 不同意。 동의해요. / 동의하지 않아요.
   Tóngyì. Bù tóngyì.

A: 你吃早饭了吗? 아침을 먹었어요?
   Nǐ chī zǎofàn le ma?

B: 吃了。 / 没吃。 먹었어요. / 먹지 않았어요.
   Chī le. Méi chī.

2 평서문+吧?

평서문 문장 끝에 '吧'를 사용하여 '~지요?'라는 추측(확인하는 질문)의 의미를 나타냅니다.

你最近很忙吧? 요즈음 바쁘지요?
Nǐ zuìjìn hěn máng ba?

那个地方很好玩吧? 그곳은 놀기 좋죠?
Nà ge dìfang hěn hǎowán ba?

你知道那件事儿吧? 그 일을 알고 있지요?
Nǐ zhīdao nà jiàn shìr ba?

韩国人都爱吃辣的吧? 한국 사람은 모두 매운 걸 좋아하죠?
Hánguórén dōu ài chī là de ba?

실력 쑥쑥

1 '吗'와 '吧'의 구별

'吗'는 모르는 사실에 대한 대답을 요구한다.

他是你男友吗? 그가 너의 남자친구이니?
Tā shì nǐ nányǒu ma?

'吧'는 추측한 사실에 대해 확인하기 위해 대답을 요구한다.

他是你男友吧? 그가 너의 남자친구지?
Tā shì nǐ nányǒu ba?

2 '吗'와 '吧'가 없는 의문문

'吗'와 '吧'를 쓰지 않더라도 평서문 문장 끝의 억양을 올려 말하면 의문을 나타낼 수 있다.

你一个人去? ↗ 혼자서 가니?
Nǐ yí ge rén qù?

你忘了? ↗ 잊었죠?
Nǐ wàng le?

연습 톡톡

1 주어진 단어로 교체하면서 말하고, 문장도 적어 보세요.

1) 他是你同事吗？ [同学 / 同屋 / 前辈]

   _____

2) 那里的风景美吗？ [那座山-高 / 那家餐厅的菜-好吃 / 那家商店的东西-便宜]

   _____

3) 你妈妈是家庭主妇吧？ [爸爸-公司职员 / 姐姐-大学生 / 弟弟-高中生]

   _____

4) 明天周六，你有空儿吧？ [没事儿 / 在家 / 不上班]

   _____

2 지시에 따라 의문문으로 바꿔 보세요.

1) 我喜欢吃烤肉。('吗' 의문문)

   _____

2) 我打算去中国旅行。('吗' 의문문)

   _____

3) 杭州西湖的风景很美。('吧' 의문문)

   _____

4) 最近我的工作很忙。('吧' 의문문)

   _____

5) 我觉得这首歌很好听。('吗' 의문문)

   _____

3 다음 문장을 중국어로 옮겨 보세요.

1) 당신은 내일의 회의에 참가합니까?
   _____

2) 이것은 네가 어렸을 때의 사진이지?
   _____

3) 최근 날마다 집콕하고 있지?
   _____

4) 당신은 축구시합 보는 것을 좋아합니까?
   _____

5) 대학 졸업하고서 직장을 찾기가 어렵지요?
   _____

어휘 前辈 qiánbèi 선배, 연장자　职员 zhíyuán 직원　家庭主妇 jiātíng zhǔfù 주부　空儿 kòngr 틈, 시간　烤肉 kǎoròu 불고기　杭州西湖 Hángzhōu Xīhú 항저우 시후　风景 fēngjǐng 경치　宅家 zháijiā 집콕

2. 정반의문문

누군가와 같이 어디에 가고 싶어 상대방의 의향을 물어볼 때, 중국어로는 "你去不去?(Nǐ qù bu qù?)"와 같이 정반의문문을 사용합니다. 이와 같이 긍정과 부정의 형식을 병렬하여 어느 한 쪽을 선택하게 하는 의문문을 정반의문문이라고 합니다.

기초 탄탄

1 ~형용사+不+형용사?

这款手机贵不贵? 이 모델의 핸드폰은 비싸요 비싸지 않아요?
Zhè kuǎn shǒujī guì bu guì?

北京冬天冷不冷? 북경은 겨울이 추워 춥지 않아?
Běijīng dōngtiān lěng bu lěng?

2 ~동사+不+동사?

你喝不喝咖啡? 커피를 마실 거예요 마시지 않을 거예요?
Nǐ hē bu hē kāfēi?

你去不去超市? 마트에 갈 거예요 가지 않을 거예요?
Nǐ qù bu qù chāoshì?

你朋友是不是中国人? 너의 친구가 중국인이니 중국인이 아니니?
Nǐ péngyou shì bu shì Zhōngguórén?

3 ~有+没有+목적어?

你有没有时间? 시간이 있습니까 없습니까?
Nǐ yǒu méiyou shíjiān?

卡里有没有钱? 카드에 돈이 있어요 없어요?
Kǎli yǒu méiyou qián?

4 ~동사+목적어+不/没有?

你吃面条不? 국수를 먹을 거예요?
Nǐ chī miàntiáo bu?

他是你孩子不(是)? 그가 너의 아이야?
Tā shì nǐ háizi bú(shì)?

你有问题没有? 질문이 있습니까 없습니까?
Nǐ yǒu wèntí méiyou?

5 동작이 이미 일어난 경우

동사+没+동사+목적어?/동사+목적어+了+没有?

你吃没吃饭? 밥을 먹었어요 안 먹었어요?
Nǐ chī méi chī fàn?

你买没买运动鞋? 운동화를 샀어요 안 샀어요?
Nǐ mǎi méi mǎi yùndòngxié?

你吃饭了没有? 밥을 먹었어요 안 먹었어요?
Nǐ chī fàn le méiyou?

他来上班了没有? 그가 출근했습니까 안 했습니까?
Tā lái shàngbān le méiyou?

실력 쑥쑥

① 이음절 술어

술어가 이음절인 경우 두 번째 음절 글자는 생략해도 된다.

这件衣服合(适)不合适? 이 옷이 맞아요 안 맞아요?
Zhè jiàn yīfu hé(shi) bu héshì?

你喜(欢)不喜欢打篮球? 농구 하는 것을 좋아해요 안 좋아해요?
Nǐ xǐ(huan) bu xǐhuan dǎ lánqiú?

② 기타 주의점

1) 정반의문문의 문장 끝에는 '吗'를 붙일 수 없다.

   今天的讲座你听不听吗? (X)

   今天的讲座你听不听? (O) 오늘 특강은 들을 거예요 안 들을 거예요?
   Jīntiān de jiǎngzuò nǐ tīng bu tīng?

   你到底爱不爱我吗? (X)

   你到底爱不爱我? (O) 대체 나를 사랑해 사랑하지 않아?
   Nǐ dàodǐ ài bu ài wǒ?

2) 정반의문문의 술어 앞에는 '也, 很, 非常' 등의 부사를 붙일 수 없다. 만약 이와 같은 부사를 사용하면 '吗' 의문문을 써야 한다.

   你也来不来? (X)

   你也来吗? (O) 너도 올 거니?
   Nǐ yě lái ma?

   你很想念不想念家人? (X)

   你想念不想念家人? (O) 당신은 가족들이 보고 싶어요?
   Nǐ xiǎngniàn bu xiǎngniàn jiārén?

연습 톡톡

1 주어진 단어로 교체하면서 말하고, 문장도 적어 보세요.

1) 你喝不喝啤酒? ［看-新闻 / 买-水果 / 玩-游戏］
   _____

2) 这肉新鲜不新鲜? ［小猫-可爱 / 孩子-聪明 / 个子-高］
   _____

3) 你有没有汽车? ［笔记本电脑 / 意见 / 汉语课］
   _____

4) 你吃午饭了没有? ［喝酒 / 带钱 / 打电话］
   _____

2 틀린 부분을 고쳐 보세요.

1) 你用不用平板电脑吗?
   _____

2) 他明天也来不来学校?
   _____

3) 你们很开心不开心?
   _____

4) 他们已经出发了不?
   _____

5) 鞋的大小合适没合适?
   _____

3 다음 문장을 중국어로 옮겨 보세요.

1) 서울 여름이 더워요 안 더워요?
   _____

2) 당신은 파티에 참가하십니까 참가하지 않으십니까?
   _____

3) 대체 나를 믿어요 안 믿어요?
   _____

4) 너는 그 사람에게 메시지를 보냈어 안 보냈어?
   _____

5) 좀 봐요, 내 여자친구가 예뻐요 안 예뻐요?
   _____

어휘
新闻 xīnwén 뉴스   游戏 yóuxì 게임   新鲜 xīnxiān 신선하다   笔记本电脑 bǐjìběn diànnǎo 노트북   开心 kāixīn 즐겁다
合适 héshì 적당하다, 알맞다   晚会 wǎnhuì 파티   相信 xiāngxìn 믿다   短信 duǎnxìn 메시지

3. 의문대명사 의문문

의문대명사 의문문은 '什么, 谁, 什么时候, 哪儿, 多少, 为什么, 怎么' 등 의문대명사를 사용하여 장소나 시간 또는 수량, 방법, 이유 등에 대해 질문할 때 사용하는 형식입니다. 매우 유용한 표현이니 확실하게 마스터해서 상대방과 중국어로 의사소통을 잘하도록 합시다.

기초 탄탄

1 사람에 대해

1) 谁 누가

A: 你喜欢谁? 넌 누구를 좋아해?
Nǐ xǐhuan shéi?

B: 我喜欢他。 난 그를 좋아해.
Wǒ xǐhuan tā.

A: 你的汉语老师是谁? 당신의 중국어 선생님이 누구세요?
Nǐ de Hànyǔ lǎoshī shì shéi?

B: 是王红老师。 왕홍 선생님이에요.
Shì Wáng Hóng lǎoshī.

2) 谁的 누구의

A: 这钱是谁的? 이 돈은 누구 것이야?
Zhè qián shì shéi de?

B: 是我朋友的。 내 친구 것이야.
Shì wǒ péngyou de.

A: 桌上的东西是谁的? 탁자 위에 있는 물건은 누구 것이에요?
Zhuōzi shang de dōngxi shì shéi de?

B: 是我的。 제 것이에요.
Shì wǒ de.

2 사물에 대해

1) 什么 무엇, 무슨

> A: 今晚你做什么? 오늘 저녁에 무엇을 할 거예요?
> Jīnwǎn nǐ zuò shénme?
>
> B: 我见朋友。 친구를 만날 거예요.
> Wǒ jiàn péngyou.
>
> A: 你喜欢什么运动? 어떤 운동을 좋아해요?
> Nǐ xǐhuan shénme yùndòng?
>
> B: 我喜欢打乒乓球。 탁구 치는 것을 좋아해요.
> Wǒ xǐhuan dǎ pīngpāngqiú.

2) 哪 어느

> A: 你是哪国人? 어느 나라 사람이에요?
> Nǐ shì nǎ guó rén?
>
> B: 我是韩国人。 나는 한국인이에요.
> Wǒ shì Hánguórén.
>
> A: 你上哪个大学? 어느 대학교를 다녀요?
> Nǐ shàng nǎ ge dàxué?
>
> B: 我上首尔大学。 나는 서울대를 다녀요.
> Wǒ shàng Shǒu'ěr Dàxué.

3 장소에 대해

1) 哪儿 / 哪里 어디

> A: 你去哪儿? 어디 가요?
> Nǐ qù nǎr?
>
> B: 我去咖啡馆。 카페에 가요.
> Wǒ qù kāfēiguǎn.
>
> A: 洗手间在哪儿? 화장실이 어디예요?
> Xǐshǒujiān zài nǎr?
>
> B: 在二楼。 2층에 있어요.
> Zài èr lóu.

2) 什么地方　어떤 곳

A: 什么地方好玩? 어느 곳이 놀기 좋아요?
Shénme dìfang hǎowán?

B: 汉江公园很好玩。 한강 공원이 놀기 좋아요.
Hànjiāng Gōngyuán hěn hǎowán.

A: 你住什么地方? 어디에 살아요?
Nǐ zhù shénme dìfang?

B: 我住学生宿舍。 학생 기숙사에 살아요.
Wǒ zhù xuéshēng sùshè.

4 시간에 대해

1) 什么时候　언제

A: 你什么时候去出差? 언제 출장가요?
Nǐ shénme shíhou qù chūchāi?

B: 下个月六号。 다음 달 6일에요.
Xià ge yuè liù hào.

A: 你们打算什么时候结婚? 너희는 언제 결혼을 할 거야?
Nǐmen dǎsuan shénme shíhou jiéhun?

B: 明年春天。 내년 봄에.
Míngnián chūntiān.

2) 多久 / 多长时间　얼마 동안

A: 你准备住多久? 얼마 동안 머물 거예요?
Nǐ zhǔnbèi zhù duō jiǔ?

B: 我准备住一个星期。 일주 동안 머물 거예요.
Wǒ zhǔnbèi zhù yí ge xīngqī.

A: 你来韩国多长时间了? 한국에 온 지 얼마 되었어요?
Nǐ lái Hánguó duō cháng shíjiān le?

B: 我来韩国一年了。 저는 한국에 온 지 1년이 되었어요.
Wǒ lái Hánguó yì nián le.

❺ 방법, 상태에 대해

1) 怎么 어떻게

   A: 我们**怎么**去那儿? 우리는 거기에 어떻게 가요?
   Wǒmen zěnme qù nàr?

   B: 打车去吧。 택시를 타고 가자.
   Dǎ chē qù ba.

   A: 这个汉字**怎么**念? 이 한자는 어떻게 읽어?
   Zhè ge hànzì zěnme niàn?

   B: 跟我念一下。 나를 따라서 읽어 봐.
   Gēn wǒ niàn yí xià.

2) 怎么样 어떠하다

   A: 那个酒店**怎么样**? 그 호텔은 어때요?
   Nà ge jiǔdiàn zěnmeyàng?

   B: 很不错。 아주 좋아요.
   Hěn búcuò.

   A: 咱们吃生鱼片, **怎么样**? 우리 회를 먹는 것이 어때?
   Zánmen chī shēngyúpiàn, zěnmeyàng?

   B: 好主意。 좋은 생각이야.
   Hǎo zhǔyi.

❻ 원인에 대해

1) 为什么 무엇 때문에, 왜

   A: 她**为什么**不高兴? 그녀가 왜 기분이 안 좋아요?
   Tā wèishénme bù gāoxìng?

   B: 她和男朋友吵架了。 그녀가 남자친구와 싸웠어요.
   Tā hé nánpéngyou chǎojià le.

   A: 你昨天**为什么**没来? 너는 어제 왜 안 왔어?
   Nǐ zuótiān wèishénme méi lái?

B: 因为家里有事儿。 집에 일이 좀 있어서.
　Yīnwèi jiāli yǒu shìr.

2) 怎么 왜

　A: 你怎么来晚了? 왜 늦게 왔어요?
　　Nǐ zěnme lái wǎn le?

　B: 路上堵车了。 길에서 차가 막혔어요.
　　Lùshang dǔchē le.

　A: 这是怎么回事? 어찌된 일이에요?
　　Zhè shì zěnme huí shì?

　B: 我也不知道。 나도 모르겠어요.
　　Wǒ yě bù zhīdao.

7 수량에 대해

1) 多少 얼마나

　A: 这个多少钱? 이것이 얼마예요?
　　Zhè ge duōshao qián?

　B: 八百块钱。 팔백 위안이에요.
　　Bābǎi kuài qián.

　A: 你们公司有多少职员? 당신 회사에는 직원이 몇 명 있어요?
　　Nǐmen gōngsi yǒu duōshao zhíyuán?

　B: 有三百多名。 삼백 여 명이 있어요.
　　Yǒu sān bǎi duō míng.

2) 几 몇(10 이하의 수)

　A: 你孩子几岁了? 너의 아이가 몇 살이야?
　　Nǐ háizi jǐ suì le?

　B: 他六岁了。 그는 6살이야.
　　Tā liù suì le.

　A: 一共几位客人? 손님은 모두 몇 분이세요?
　　Yígòng jǐ wèi kèren?

B: 五位客人。 손님은 5분이세요.
　　Wǔ wèi kèren.

3) 多 어느 정도, 어느 만큼

A: 你今年多大了? 올해 나이가 어떻게 돼요?
　　Nǐ jīnnián duō dà le?

B: 我二十二了。 나는 22살이에요.
　　Wǒ èrshí'èr le.

A: 他有多高? 그는 키가 어떻게 돼요?
　　Tā yǒu duō gāo?

B: 他有一米八高。 그는 키가 180cm예요.
　　Tā yǒu yì mǐ bā gāo.

A: 你有多重? 몸무게가 어떻게 돼요?
　　Nǐ yǒu duō zhòng?

B: 我有五十公斤重。 나는 몸무게가 50kg이에요.
　　Wǒ yǒu wǔshí gōngjīn zhòng.

A: 你家有多远? 너의 집은 얼마나 멀어?
　　Nǐ jiā yǒu duō yuǎn?

B: 坐车要半个小时。 차를 타고 가면 반 시간 걸려.
　　Zuò chē yào bàn ge xiǎoshí.

A: 这个游泳池有多深? 이 수영장은 깊이가 어떻게 돼요?
　　Zhè ge yóuyǒngchí yǒu duō shēn?

B: 有一米多深。 깊이가 1m 넘어요.
　　Yǒu yì mǐ duō shēn.

실력 쑥쑥

1. 의문문을 만들 때 주의점

평서문에서 질문하는 부분을 의문대명사로 대체하고 문장 끝에 물음표를 추가하면 의문문이 된다. 이때 일반적으로 '吗'를 붙이지 않는다는 점을 잊지 말자.

你喜欢吃什么吗? (X)

你喜欢吃什么? (O) 무엇을 먹기 좋아해요?
Nǐ xǐhuan chī shénme?

你什么时候放假吗? (X)

你什么时候放假? (O) 당신은 언제 방학해요?
Nǐ shénme shíhou fàngjià?

2. 나이 묻는 표현

나이를 묻는 표현이 여러 가지이므로 상대방의 연령이나 상황을 잘 고려해서 말해야 한다.

小朋友, 你几岁了? 꼬마 친구, 몇 살이니?
Xiǎopéngyou, nǐ jǐ suì le?

你女朋友多大了? 너의 여친은 나이가 어떻게 돼?
Nǐ nǚpéngyou duō dà le?

你爸爸多大年纪了? 너의 아버지는 연세가 어떻게 되셔?
Nǐ bàba duō dà niánjì le?

请问, 您贵庚? 실례지만 연세가 어떻게 되세요?
Qǐngwèn, nín guì gēng?

연습 톡톡

1 밑줄 친 부분을 의문대명사를 사용하여 의문문을 만들어 보세요.

1) <u>李老师</u>教我们汉语。

2) 我的专业是<u>经济学</u>。

3) 这是<u>我妹妹的</u>书包。

4) 我们<u>下星期三</u>考试。

5) 我家有<u>五</u>口人。

6) 他在<u>游戏公司</u>工作。

7) 我们学校有<u>两百多名</u>留学生。

8) 我们认识<u>十年</u>了。

9) 我男友有<u>一米七八</u>高。

10) 我们<u>坐高铁</u>去上海。

2 틀린 부분을 고쳐 보세요.

1) 我们什么时候见面吗?
　_____

2) 什么东西你打算买?
　_____

3) 你弟弟今年多小?
　_____

4) 我什么跟你联系?
　_____

5) 你爷爷几岁了?
　_____

어휘　专业 zhuānyè 전공　经济学 jīngjìxué 경제학　留学生 liúxuéshēng 유학생　高铁 gāotiě 고속 철도
联系 liánxì 연락(하다)　工资 gōngzī 월급　假期 jiàqī 방학동안

3 다음 문장을 중국어로 옮겨 보세요.

1) 당신은 무슨 차를 좋아합니까?
   _____

2) 한 달 월급이 얼마입니까?
   _____

3) 당신은 보통 몇 시에 퇴근합니까?
   _____

4) 이 일에 제가 어떻게 해야 하나요?
   _____

5) 한국은 사계절 날씨가 어떻습니까?
   _____

6) 당신이 제일 좋아하는 가수는 누구예요?
   _____

7) 방학동안 어디에 여행 갈 생각이에요?
   _____

8) 당신이 이 회사에서 일한 지 얼마 되었습니까?
   _____

9) 당신의 집은 여기에서 얼마나 멀어요?
   _____

10) 그가 어느 대학에서 공부하고 있어요?
    _____

4. 선택의문문 '是~还是'

친구와 술자리에서 흔히 이런 말을 쓰죠? "맥주 마실래요, 아니면 소주 마실래요?" 이것은 중국어로 하면 "你喝啤酒还是喝烧酒?(Nǐ hē píjiǔ háishi hē shāojiǔ?)"입니다. 이렇게 선택을 묻는 의문문은 '(是)A还是B' 표현을 사용합니다. 이때 앞의 '是'는 흔히 생략합니다.

기초 탄탄

1 (是) A 还是 B A 아니면 B

A: 你吃比萨还是吃汉堡? 피자를 먹을 거예요 아니면 햄버그를 먹을 거예요?
   Nǐ chī bǐsà háishi chī hànbǎo?

B: 我吃比萨。 피자를 먹을 거예요.
   Wǒ chī bǐsà.

A: 我们打的去还是坐地铁去? 우리 택시를 타고 가요 아니면 지하철을 타고 가요?
   Wǒmen dǎdī qù háishi zuò dìtiě qù?

B: 我们打的去吧。 우리 택시를 타고 가요.
   Wǒmen dǎdī qù ba.

A: 你喝美式咖啡还是拿铁咖啡? 아메리카노를 마실 거예요 아니면 라테를 마실 거예요?
   Nǐ hē měishì kāfēi háishi nátiě kāfēi?

B: 我喝拿铁咖啡。 나는 라테를 마실 거예요.
   Wǒ hē nátiě kāfēi.

2 '是'구문의 경우

'是'구문에서는 반드시 '是~还是'라는 형식을 취해야 합니다.

A: 这个包是你的还是她的? 이 가방은 너의 것이니 아니면 그녀의 것이니?
   Zhè ge bāo shì nǐ de háishi tā de?

B: 这个包是她的。 이 가방은 그녀의 것이에요.
   Zhè ge bāo shì tā de.

A: 他**是**高中生**还是**初中生? 그가 고등학생이에요 아니면 중학생이에요?
　　Tā shì gāozhōngshēng háishi chūzhōngshēng?

B: 他是高中一年级学生。 그는 고등학교 1학년 학생이에요.
　　Tā shì gāozhōng yìniánjí xuésheng.

실력 쑥쑥

'还是'와 '或者'의 구별

'还是'는 둘 중의 하나를 선택하는 것으로 주로 의문문에 쓰인다.
'或者'는 두 가지의 가능성이 다 있는 것으로 평서문에 쓰인다.

A: 你打算什么时候去? 언제 갈 계획이에요?
　　Nǐ dǎsuan shénme shíhou qù?

B: 我打算这个周末**或者**下个周末去。 이번 주말이나 아니면 다음 주말에 갈 계획이에요.
　　Wǒ dǎsuan zhège zhōumò huòzhě xià ge zhōumò qù.

A: 你开车去**还是**坐火车去? 운전해서 가요 아니면 기차 타고 가요?
　　Nǐ kāichē qù háishi zuò huǒchē qù?

B: 我坐火车去。 기차 타고 가요.
　　Wǒ zuò huǒchē qù.

A: 你喝什么饮料? 어떤 음료수를 마실 거예요?
　　Nǐ hē shénme yǐnliào?

B: 可乐**或者**汽水都行。 콜라나 사이다 모두 괜찮아요.
　　Kělè huòzhě qìshuǐ dōu xíng.

A: 你喝可乐**还是**喝汽水? 콜라를 마실 거예요 아니면 사이다를 마실 거예요?
　　Nǐ hē kělè háishì hē qìshuǐ?

B: 我喝可乐。 콜라를 마실 거예요.
　　Wǒ hē kělè.

연습 톡톡

1 주어진 단어로 교체하면서 말하고, 문장도 적어 보세요.

1) 我们吃面条还是吃饺子?

   [去看话剧-去看展览 / 送水果-送蛋糕 / 坐公交车去-坐地铁去]
   _____

2) 今天见面或者明天见面都可以。

   [在家吃-叫外买 / 刷卡-手机支付 / 说英语-说汉语]
   _____

2 올바른 순서로 배열하여 문장을 만들어 보세요.

1) 是　朋友　你们　恋人　人　还是　两　个
   _____

2) 打算　去　你　上海　北京　玩儿　去　还是　玩儿
   _____

3) 你　吃　早上　面包　米饭　还是　吃
   _____

4) 咖啡　你　喝　还是　冰的　热的
   _____

5) 中餐　我们　吃　去　还是　吃　去　西餐
   _____

3 다음 문장을 중국어로 옮겨 보세요.

1) 당신은 그녀를 좋아해요 아니면 저를 좋아해요?
   _____

2) 드라마를 볼까요 아니면 연예 프로그램을 볼까요?
   _____

3) 비행기를 타고 가요 아니면 고속열차를 타고 가요?
   _____

4) 주말에 보통 TV를 보거나 아니면 헬스장에 가서 운동을 해요.
   _____

5) 오늘 점심은 짜장면을 먹거나 아니면 스파게티를 먹거나 다 좋아요.
   _____

어휘 话剧 huàjù 연극   展览 zhǎnlǎn 전람회, 전시   蛋糕 dàngāo 케이크   刷卡 shuākǎ 카드로 결제하다   支付 zhīfù 지불하다   恋人 liànrén 애인   中餐 zhōngcān 중국 요리, 중식   西餐 xīcān 서양 요리, 양식   综艺节目 zōngyì jiémù 연예 프로그램

5. '呢'를 사용한 의문문

대화 중에 "나는 괜찮다고 생각하는데 너는?"과 같이 자신의 의견을 말한 후에 상대방에게도 늘 의견을 되물어 봅니다. 이때 중국어에서는 명사나 명사구 뒤에 어기조사 '呢'를 붙여서 "我觉得不错，你呢?(Wǒ juéde búcuò, nǐ ne?)"처럼 질문을 합니다. 그 외에, 전후 맥락이 없을 때 '呢'가 명사 뒤에 위치하면 주어가 위치한 장소에 대해서 질문할 수도 있습니다.

기초 탄탄

1. 앞 문장, 명사(구)+呢 어떠한가?

A: 你今天没空，明天呢? 네가 오늘은 시간이 없고, 내일은?
Nǐ jīntiān méi kòng, míngtiān ne?

B: 明天我有空。 내일은 시간이 있어요.
Míngtiān wǒ yǒu kòng.

A: 我的爱好是打高尔夫球，你呢? 나의 취미는 골프를 치는 것인데, 너는?
Wǒ de àihào shì dǎ gāo'ěrfūqiú, nǐ ne?

B: 我喜欢打网球。 나는 테니스 치는 것을 좋아해.
Wǒ xǐhuan dǎ wǎngqiú.

A: 我吃紫菜包饭，你呢? 나는 김밥을 먹는데, 너는?
Wǒ chī zǐcàibāofàn, nǐ ne?

B: 我吃方便面。 나는 라면을 먹어.
Wǒ chī fāngbiànmiàn.

2. 명사(구)+呢 어디에 있나?

A: 我的眼镜呢? 내 안경이 어디 있니?
Wǒ de yǎnjìng ne?

B: 在桌子上呢。 탁자 위에 있어요.
Zài zhuōzi shang ne.

A: 护照呢? 여권이 어디 있니?
Hùzhào ne?

B: 在你的包里。 너의 가방 안에 있어.
Zài nǐ de bāo li.

A: 小王呢? 샤오왕이 어디에 있니?
Xiǎowáng ne?

B: 他去商店了。 그는 상점에 갔어요.
Tā qù shāngdiàn le.

실력 쑥쑥

* '呢'의 다른 용법

① ~+呢　~ 좋겠어요?

의견을 물어볼 때 쓰임

我给他买什么好呢? 내가 그에게 무엇을 사 주는 것이 좋으니?
Wǒ gěi tā mǎi shénme hǎo ne?

这事儿怎么办好呢? 이 일은 어떻게 하면 좋을까요?
Zhè shìr zěnme bàn hǎo ne?

② 다른 의문문 뒤에 '呢'를 붙이면 강조의 의미를 나타낸다

你现在在哪儿呢? 너 지금은 어디에 있니?
Nǐ xiànzài zài nǎr ne?

你时间方便不方便呢? 너 시간이 편해요 안 편해요?
Nǐ shíjiān fāngbiàn bu fāngbiàn ne?

연습 톡톡

1 '呢'를 사용하여 의문문을 만들어 보세요.

1) 你的车在哪儿?
   _____

2) 我反对，你反对吗?
   _____

3) 我的相机在哪儿? 怎么不见了?
   _____

4) 我喜欢学习外语，你喜欢吗?
   _____

2 올바른 순서로 배열하여 문장을 만들어 보세요.

1) 喝　我　珍珠　你　呢　奶茶
   _____

2) 的　我　呢　你　了　看见　吗　手机
   _____

3) 爱　电脑　玩儿　你　呢　游戏　我
   _____

4) 哪　我们　去　家　好　呢　餐厅
   _____

5) 好　说　我　送　什么　呢　你　他
   _____

3 다음 문장을 중국어로 옮겨 보세요.

1) 북경은 겨울에 눈이 자주 오는데, 서울은요?
   _____

2) 한국은 추석 때 3일 동안 쉬는데, 중국은요?
   _____

3) 나는 담백한 것을 좋아하는데, 너는?
   _____

4) 제 자동차 열쇠는요? 왜 안 보이죠?
   _____

5) 올해 설날에 우리는 어떻게 보내는 것이 좋겠어요?
   _____

어휘 反对 fǎnduì 반대하다　相机 xiàngjī 사진기　外语 wàiyǔ 외국어　下雪 xiàxuě 눈이 내리다　钥匙 yàoshi 열쇠
春节 Chūnjié 설날

memo

4

명령과 감탄의 표현

1. 명령의 표현
2. 청유의 표현
3. 감탄의 표현

1. 명령의 표현

약속장소에서 다른 한 명 친구를 계속 기다리고 있는데 그 친구가 오지 않아서 이때 "더 이상 기다리지 말고 우리 가자"라는 말은 자주 하죠? 이런 경우에는 중국어로 "别等了, 我们走吧(Bié děng le, wǒmen zǒu ba)"와 같이 표현합니다. 자, 이번에는 상대방에게 명령이나 금지, 권유 등의 의미를 전달하는 명령문을 배워 볼까요?

기초 탄탄

1 명령

동사(구)! ~아/어라!

快走! Kuài zǒu! 빨리 가!
闭嘴! Bì zuǐ! 입 닥쳐!
给我滚! Gěi wǒ gǔn! 꺼져 버려!

2 요청

请+동사(구)! ~(으)세요!

请进! Qǐng jìn! 들어오세요!
请慢用! Qǐng màn yòng! 천천히 드세요!
请喝茶! Qǐng hē chá! 차 드세요!

3 권고·청유

동사(구)+吧 ~(으)세요, ~자

(你)先回去吧。 (Nǐ) xiān huíqu ba. 먼저 돌아가세요.
(我们)一起走吧。 (Wǒmen) yìqǐ zǒu ba. 같이 가요.
(我们)休息一会儿吧。 (Wǒmen) xiūxi yíhuìr ba. 잠시 쉬자.

④ 금지

别/不要/不许/请勿+동사!　~지 마세요!

别开玩笑!　Bié kāi wánxiào!　농담하지 마세요!
不要乱说!　Búyào luàn shuō!　함부로 말하지 마세요!
不许拍照!　Bùxǔ pāizhào!　사진을 찍지 마세요!
请勿抽烟!　Qǐngwù chōuyān!　담배를 피우지 마세요!

⑤ 만류

别/不要+동사+了　이제 그만 ~ 하세요

别生气**了**。　Bié shēngqì le.　화를 그만 내세요.
你们**别**吵**了**!　Nǐmen bié chǎo le!　그만 싸워요.
你醉了，**别**喝**了**。　Nǐ zuì le, bié hē le.　취했으니 그만 마셔요.

실력 쑥쑥

* 别+동사　아예 처음부터 어떤 행동을 하지 말라는 의미
　别+동사+了　지금까지 하던 동작을 중지하라는 의미

别说!　Bié shuō!　말하지 마세요!
别说**了**!　Bié shuō le!　그만 말해요!
别哭!　Bié kū!　울지 마세요!
别哭**了**!　Bié kū le!　그만 울어요!

* 명령문은 상대방에게 요구하는 것이므로 주어인 '你'나 '你们'은 보통 생략된다.

(你)看!　(Nǐ) kàn!　봐!
(你)**别**走!　(Nǐ) bié zǒu!　가지 마!
(你)**别**担心!　(Nǐ) bié dānxīn!　걱정하지 마!

연습 톡톡

1 주어진 단어로 교체하면서 말하고, 문장도 적어 보세요.

1) 别告诉别人！［喝酒 / 乱花钱 / 乱丢垃圾］
   _____

2) 咱们一起玩儿吧！［吃晚饭 / 商量 / 复习］
   _____

3) 别睡觉了！［抽烟 / 说假话 / 忽悠］
   _____

4) 请喝咖啡！［吃水果 / 用点心 / 坐这儿］
   _____

2 올바른 순서로 배열하여 문장을 만들어 보세요.

1) 里　不　抽烟　餐厅　许
   _____

2) 的　上课　说话　别　时候
   _____

3) 迟到　以后　别　了　再
   _____

4) 他　相信　的　不　话　要
   _____

5) 吧　努力　咱们　一起　以后
   _____

3 다음 문장을 중국어로 옮겨 보세요.

1) 여기에서 사진 찍는 것을 금지합니다.
   _____

2) 9시가 다 되었어요. 빨리 일어나요.
   _____

3) 퇴근 후 우리 같이 한잔 하러 갑시다.
   _____

4) 이것은 제 집안 일이니 신경 쓰지 마세요!
   _____

5) 저는 다 알아요. 더 이상 저를 속이지 마세요!
   _____

어휘
乱 luàn 마구, 함부로　　垃圾 lājī 쓰레기　　商量 shāngliáng 의논하다　　假话 jiǎhuà 거짓말　　忽悠 hūyou 속이다, 뻥치다
迟到 chídào 지각하다　　拍照 pāizhào 사진 찍다　　管 guǎn 신경 쓰다　　骗 piàn 속이다

2. 청유의 표현

평소에 남에게 부탁하는 일이 많습니다. 이렇게 문장 끝에 '好吗/好不好/行不行/行吗/怎么样' 등을 붙여서 의문문 형식으로 상대방의 의견이나 동의를 구합니다.

기초 탄탄

1 문장+好吗/好不好/行吗/行不行?

你帮我一下，**好吗**? 나를 좀 도와주는 것이 어떠니?
Nǐ bāng wǒ yí xià, hǎo ma?

留在我身边，**好吗**? 내 곁에 남겨두는 것이 어떠니?
Liú zài wǒ shēnbian, hǎo ma?

你陪我去一下医院，**好不好**? 나랑 같이 병원에 가는 것이 어떠니?
Nǐ péi wǒ qù yíxià yīyuàn, hǎo bu hǎo?

帮我还一下书，**好不好**? 나를 대신해 책을 반납해 주는 것이 어떠니?
Bāng wǒ huán yíxià shū, hǎo bu hǎo?

借我一点儿钱，**行吗**? 나에게 돈을 좀 빌려줘도 되나요?
Jiè wǒ yìdiǎnr qián, xíng ma?

我用一下你的电脑，**行吗**? 컴퓨터를 좀 써도 되나요?
Wǒ yòng yíxià nǐ de diànnǎo, xíng ma?

帮我打听打听，**行不行**? 나를 위해 좀 알아봐 주는 것이 돼요 안 돼요?
Bāng wǒ dǎtingdǎting, xíng bu xíng?

你给我介绍一下，**行不行**? 나에게 한번 소개해주는 것이 돼요 안 돼요?
Nǐ gěi wǒ jièshào yíxià, xíng bu xíng?

2 문장+怎么样?

周末一起去爬山，**怎么样**? 주말에 같이 등산하는 것이 어떠세요?
Zhōumò yìqǐ qù páshān, zěnmeyàng?

咱们去公园散散步，**怎么样**? 같이 공원에 산책하러 가는 것이 어떠세요?
Zǎnmen qù gōngyuán sànsan bù, zěnmeyàng?

실력 쑥쑥

* 청유할 때 부드러운 말투로 해야 하기 때문에 술어는 주로 아래와 같은 형식을 사용한다.

1) 동사의 중첩   좀 ~해 보세요

   我**想想**。 Wǒ xiǎngxiang.   제가 생각해 볼게요.
   我**用用**。 Wǒ yòngyong.   제가 좀 써 볼게요.
   我**准备准备**。 Wǒ zhǔnbeizhǔnbei.   제가 준비해 볼게요.

   단음절 동사인 경우, '동사+一+동사'와 같은 형식도 사용할 수 있다.

   我**尝一尝**。 Wǒ cháng yi cháng.   제가 맛을 좀 볼게요.
   我**试一试**。 Wǒ shì yi shì.   제가 좀 해 볼게요.
   你**等一等**。 Nǐ děng yi děng.   좀 기다려줘요.

2) 동사+一下儿

   你**找一下儿**。 Nǐ zhǎo yíxiàr.   네가 좀 찾아봐요.
   我们**商量一下儿**。 Wǒmen shāngliang yíxiàr.   우리가 한번 상의해 볼게요.

＊ 쌍음절 동사는 '동사+一+동사'와 같은 형식을 사용할 수 없다.

我们研究一研究。(X)

我们研究研究。(O) Wǒmen yǎnjiu yǎnjiu. 우리가 좀 검토해 볼게요.

我们研究一下。(O) Wǒmen yǎnjiu yíxià. 우리가 한번 검토해 볼게요.

＊ 문장에 '请'을 붙이면 청유하는 말투가 더욱 부드러워진다.

请你说几句话，好吗? 한 말씀 해주는 것이 어떠세요?
Qǐng nǐ shuō jǐ jù huà, hǎo ma?

请你帮个忙，行不行? 좀 도와주는 것이 어떠세요?
Qǐng nǐ bāng ge máng, xíng bu xíng?

연습 톡톡

1 주어진 단어로 교체하면서 말하고, 문장도 적어 보세요.

1) 你确认一下儿，行不行？ [借我用 / 给我看 / 帮我查]
   _____

2) 你帮我改改，好吗？ [找找 / 打听打听 / 收拾收拾]
   _____

3) 咱们一起去喝咖啡，怎么样？ [去看画展 / 去郊外玩儿 / 去散步]
   _____

4) 你教我游泳，好不好？ [做菜 / 跳舞 / 画画儿]
   _____

2 올바른 순서로 배열하여 문장을 만들어 보세요.

1) 用　相机　我　吗　行　一下儿　的　你
   _____

2) 帮　你　买　书　好　一　吗　本　我
   _____

3) 翻译　我　你　行　翻译　帮　不　行
   _____

4) 一起　聚　一下儿　怎么样　咱们　周末
   _____

5) 教　你　我　唱　好　中国歌　好　不
   _____

3 다음 문장을 중국어로 옮겨 보세요.

1) 저녁 식사 후 같이 영화 보러 가는 게 어때요?
   _____

2) 당신의 펜을 제가 빌려 써도 될까요?
   _____

3) 나대신 상점에 가서 물 한 병을 좀 사올래?
   _____

4) 잠깐 저와 병원에 좀 가 주시겠어요?
   _____

5) 저를 위해 자료를 좀 찾아 주시겠어요?
   _____

어휘
查 chá 검사하다   打听 dǎtīng 알아보다   收拾 shōushi 정리하다, 치우다   画展 huàzhǎn 회화 전람회
郊外 jiāowài 교외   瓶 píng 병   医院 yīyuàn 병원   资料 zīliào 자료   查 chá 찾다

3. 감탄의 표현

우리는 식사할 때 "와, 정말 맛있어요!"와 같이 감탄이나 칭찬하는 말을 많이 하죠. 중국어로는 '真好吃!(Zhēn hǎochī!)', '好吃极了!(Hǎochī jí le!)'처럼 표현합니다. 이와 같이 말하는 사람이 자신의 느낌이나 감정을 표현하는 문장을 감탄문이라고 합니다. 문장 속에는 주로 감탄을 나타내는 부사나 조사를 사용하며, 문장 끝에 감탄을 나타내는 느낌표를 붙입니다.

기초 탄탄

① 多~啊! 얼마나~

这多没劲儿啊! 이것이 얼마나 재미 없는지!
Zhè duō méi jìnr a!

你看，这小狗多可爱啊! 봐요, 이 강아지 얼마나 귀여워요!
Nǐ kàn, zhè xiǎogǒu duō kě'ài a!

② 真~! 참, 정말로

今天真开心! 오늘 정말로 즐거워요!
Jīntiān zhēn kāixīn!

你的皮肤真白! 너의 피부가 정말 하얗네요!
Nǐ de pífu zhēn bái!

③ 太~了! 너무나

景色太美了! 경치가 너무나 아름다워요!
Jǐngsè tài měi le!

这个菜太辣了! 이 요리는 너무 매워요!
Zhè ge cài tài là le!

4 ~极了! 극히

那个男孩儿帅**极了**! 그 남자는 아주 멋져요!
Nà ge nánháir shuài jí le!

这节目有意思**极了**! 이 프로그램은 지극히 재미있어요!
Zhè jiémù yǒuyìsi jí le!

5 ~死了! ~죽겠다

困**死了**，我先去睡了。 졸려 죽겠어요. 제가 먼저 가서 잘게요.
Kùnsǐ le, wǒ xiān qù shuì le.

饿**死了**，咱们快吃饭吧。 배가 고파 죽겠어요. 우리 빨리 밥 먹어요.
Èsǐ le, zánmen kuài chīfàn ba.

실력 쑥쑥

1 '很'과 '真'의 구별

'很'은 진술문에 쓰이며 형용사와 함께 명사를 수식할 수 있다.
'真'은 감탄문에만 쓰이며 형용사와 함께 명사를 수식할 수 없다.

中国菜**很**好吃。 중국 요리가 맛있어요.
Zhōngguócài hěn hǎochī.

这个菜**真**好吃! 이 요리가 정말 맛있어요!
Zhè ge cài zhēn hǎochī!

这是一本**很**有意思的书。 이것은 아주 재미있는 책이에요.
Zhè shì yì běn hěn yǒuyìsi de shū.

这是一本**真**有意思的书。(X)

❷ 감탄을 나타내는 '太~了'

'太~了' 표현은 긍정적인 의미도 나타낼 수 있지만 주로 부정적인 의미에 많이 쓰인다. 일반적으로 원인을 나타내어 그에 따른 결과를 표현하는 문장이 뒤에 따라온다.

这次考试**太**容易**了**! 이번 시험은 너무 쉬워요!
Zhè cì kǎoshì tài róngyì le!

今天**太**忙**了**! 明天再去吧。 오늘 너무 바빠요! 내일 가요.
Jīntiān tài máng le! Míngtiān zài qù ba.

东西**太**贵**了**! 便宜点儿吧。 물건이 너무 비싸요! 좀 싸게 해 주세요.
Dōngxi tài guì le! Piányi diǎnr ba.

电脑**太**旧**了**! 买台新的吧。 컴퓨터가 너무 낡았어요. 새 것을 구입해요.
Diànnǎo tài jiù le! Mǎi tái xīn de ba.

연습 톡톡

1 주어진 단어로 교체하면서 말하고, 문장도 적어 보세요.

1) 这件事真奇怪! [个-孩子-可怜 / 件-衣服-漂亮 / 块-蛋糕-好吃]

2) 工作太忙了! [游客-多 / 衣服-脏 / 内容-难]

3) 他的房间干净极了! [天气-凉快 / 图书馆-安静 / 生活-方便]

4) 疼死我了! [烦 / 急 / 气]

2 올바른 순서로 배열하여 문장을 만들어 보세요.

1) 桂林 美 的 山水 多 啊

2) 极 最近 餐厅 生意 的 好 了

3) 紧张 日程 了 太 这 会议 次

4) 香 我 来 啊 一 杯 真 咖啡 给

5) 我 累 了 死 一会儿 歇

3 다음 문장을 중국어로 옮겨 보세요.

1) 주위에 상점이 많아서 물건 사기가 정말 편리해요.
   _____

2) 이렇게 쉬운 것도 못해? 정말 멍청하네.
   _____

3) 요 며칠 바빠 죽겠어요! 주말에 잘 쉴 생각이에요.
   _____

4) 중국 요리의 종류는 지극히 많아요.
   _____

5) 제 머리가 너무 길어서 좀 자르고 싶어요.
   _____

어휘 可怜 kělián 불쌍하다   蛋糕 dàngāo 카스텔라   游客 yóukè 여행객, 관광객   脏 zāng 더럽다, 더럽히다
凉快 liángkuai 시원하다, 서늘하다   方便 fāngbiàn 편리하다   桂林 Guìlín 구이린(계림)   生意 shēngyi 장사
歇 xiē 쉬다   简单 jiǎndān 쉽다, 간단하다   笨 bèn 멍청하다   种类 zhǒnglèi 종류   剪短 jiǎnduǎn 짧게 자르다

5

수량의 표현

1. 수사의 용법
2. 양사의 용법
3. 어림수의 표현
4. '一点儿' vs '有点儿'

1. 수사의 용법

중국인들은 숫자 '8'을 좋아합니다. '8(bā)'의 발음이 광동어에서 '재물을 많이 모은다'의 의미인 '发财(fācái)'의 '发(fā)'와 유사하기 때문입니다. 그래서 상점 물건들의 가격도 '88위안, 168위안, 198위안'처럼 '8'을 즐겨 씁니다. 이처럼 숫자에서도 중국문화를 엿볼 수 있습니다. 일상생활 중 전화번호를 말하거나 물건을 살 때 숫자 읽는 법, 돈 액수 읽는 법 등 수량을 표현하는 방법을 모르면 안 됩니다. 자, 그럼 이제 숫자와 수량 표현에 대해 한번 공부해 볼까요?

기초 탄탄

❶ 숫자 읽는 법

一	二	三	四	五	六	七	八	九	十	二十
yī	èr	sān	sì	wǔ	liù	qī	bā	jiǔ	shí	èrshí

一百	一千	一万	十万	一百万	一千万	一亿
yìbǎi	yìqiān	yíwàn	shíwàn	yìbǎiwàn	yìqiānwàn	yíyì

二百零五	二百五十	二百一十五	两千零五	两千五百	两千一百五十
èrbǎilíngwǔ	èrbǎiwǔshí	èrbǎiyīshíwǔ	liǎngqiānlíngwǔ	liǎngqiānwǔbǎi	liǎngqiānyībǎiwǔshí

❷ 소수, 분수, 서수, 배수 읽는 법

소수	0.6 零点六 líng diǎn liù	9.23 九点二三 jiǔ diǎn èrsān
분수	1/4 四分之一 sī fēn zhī yī	30% 百分之三十 bǎi fēn zhī sānshí
서수	第一 첫째 dìyī	第一个 첫 번째의 dì yī ge
배수	两倍 두 배 liǎng bèi	增加了两倍 세 배로 증가했다 zēngjiā le liǎng bèi

3 번호 읽는 법

1) 전화번호

   我的手机号码是18812369875。 내 핸드폰 번호는 18812369875이다.
   Wǒ de shǒujīhàomǎ shì yāobābāyāoèrsānliùjiǔbāqīwǔ.

2) 방 호수

   我住1305号房间。 나는 1305호 방에 묵는다.
   Wǒ zhù yāosānlíngwǔ hào fángjiān.

3) 연도

   他是2005年出生的。 그는 2005년에 태어났다.
   Tā shì èr línglíng wǔ nián chūshēng de.

4) 버스 노선 번호

   去火车站坐106路公交车。 기차역에 가려면 106번 버스를 탄다.
   Qù huǒchēzhàn zuò yāolíngliù lù gōngjiāochē.

* 자릿수에 따라 번호 읽는 법이 다양하다.

1) 두 자리 수인 경우에는 자릿수를 읽는다.

   45: 四十五 sìshíwǔ

   68: 六十八 liùshíbā

2) 세 자리 수의 번호는 자릿수를 읽어도 되고 읽지 않아도 된다.

   168: 一六八 yāoliùbā / 一百六十八 yìbǎiliùshíbā

3) 네 자리 이상의 번호는 자릿수를 읽지 않는다.

   1008: 一零零八 yāolínglíngbā

4 돈 액수 읽는 법

중국의 화폐는 인민폐라고 하며, 한국 원화와의 환율은 대략 1:170이다. 중국 화폐의 단위는 '元-角-分'이지만, 구어에서는 '块-毛-分'으로 읽는다.

액수	읽는 법
25.2元	二十五块二(毛)　èrshíwǔ kuài èr(máo)
16.08元	十六块零八分　shíliù kuài líng bā fēn
158元	一百五十八块　yī bǎi wǔshíbā kuài
2,160元	两千一百六十块　liǎng qiān yī bǎi liùshí kuài
38,759元	三万八千七百五十九块　sān wàn bā qiān qī bǎi wǔshíjiǔ kuài

A: 这件衣服多少钱? 이 옷은 얼마예요?
　　Zhè jiàn yīfu duōshao qián?

B: 六百八十八块钱。 688위안이에요.
　　Liù bǎi bāshíbā kuài qián.

A: 去北京往返机票多少钱? 베이징에 가는 왕복 항공권이 얼마예요?
　　Qù Běijīng wǎngfán jīpiào duōshao qián?

B: 人民币三千六百块钱。 인민폐 3600위안이에요.
　　Rénmínbì sān qiān liù bǎi kuài qián.

5　'二'과 '两'의 구별

* 양사와 함께 쓰일 때는 '两'을 사용한다.

两个人 두 사람　两斤苹果 사과 두 근　两张票 표 두 장　两瓶矿泉水 광천수 두 병
liǎng ge rén　　liǎng jīn píngguǒ　　liǎng zhāng piào　　liǎng píng kuàngquánshuǐ

* 두 자릿수 이상의 숫자를 읽을 때는 '二'을 사용한다.

十二个学生 학생 12명　shí'èr ge xuésheng

二十二岁 22살　èrshí'èr suì

* 자릿수 '百'에는 '两'과 '二' 모두 가능하지만, '千, 万, 亿' 앞에는 주로 '两'을 사용한다.

250: 二百五十　èr bǎi wǔshí　　两百五十　liǎng bǎi wǔshí

2,369: 两千三百六十九　liǎng qiān sān bǎi liùshíjiǔ

25,478: 两万五千四百七十八　liǎng wàn wǔ qiān sì bǎi qīshíbā

6 복수를 표현하는 법

중국어에서는 '们'을 사용하여 복수를 나타낸다. 다만 '们'은 사람을 지칭하는 명사에만 쓸 수 있고, 사물을 지칭하는 명사에는 의인화 용법을 제외하고는 일반적으로 쓸 수 없다.

客人们都到了。 손님들이 다 오셨다.
Kèrén men dōu dào le.

学生们都很努力。 학생들이 모두 열심히 한다.
Xuésheng men dōu hěn nǔlì.

실력 쑥쑥

1 '们'의 사용 여부

사람을 지칭하는 명사 앞에 구체적인 수량사나 '很多, 不少'와 같은 수량 표현이 있으면 '们'을 붙이지 않는다.

三位老师们都参加了。(X)
三位老师都参加了。(O) 선생님 세 분이 모두 참석하셨다.
Sān wèi lǎoshī dōu cānjiā le.

很多朋友们都帮助我。(X)
很多朋友都帮助我。(O) 많은 친구들이 나를 도와줬다.
Hěnduō péngyou dōu bāngzhù wǒ.

2 숫자와 관련된 재미있는 표현

二百五 èrbǎiwǔ: 멍청이, 바보

他是个二百五。 그 사람이 바보다.
Tā shì ge èrbǎiwǔ.

二 èr: 어리석다

这人有点儿二。 이 사람은 약간 어리석다.
Zhè rén yǒudiǎnr èr.

연습 톡톡

1 '二'과 '两' 중 알맞은 것을 선택하여 빈칸을 채운 후 문장을 적어 보세요.

1) 我家养了(　)只小狗。
　_____

2) 我们班有四十(　)个学生。
　_____

3) 我姐姐今年(　)十八岁了。
　_____

4) 这本小说我看了(　)遍。
　_____

2 틀린 부분을 고쳐 보세요.

1) 不少女孩子们也喜欢抽烟。
　_____

2) 我请了几个朋友们来吃饭。
　_____

3) 我有二张棒球赛的票。
　_____

4) 他三十两岁了，还没结婚。
　_____

5) 这些鸡们都是我妈妈养的。
　_____

3 다음 문장을 중국어로 옮겨 보세요.

1) 많은 젊은이들이 공무원 시험을 볼 생각이다.
   _____

2) 내 남동생은 2008년에 태어났다.
   _____

3) 이 브랜드의 신발은 한 켤레가 3천 위안이 넘어요.
   _____

4) 우리 집은 귀여운 고양이 두 마리를 키운다.
   _____

5) 열 몇 명의 학생들이 이번 시합에서 상을 탔어요.
   _____

어휘 养 yǎng 기르다, 양육하다   小狗 xiǎogǒu 강아지   请 qǐng 초대하다, 부르다   棒球赛 bàngqiúsài 야구시합   鸡 jī 닭
公务员 gōngwùyuán 공무원   出生 chūshēng 태어나다   牌子 páizi 브랜드   双 shuāng 켤레   得奖 déjiǎng 상을 타다

2. 양사의 용법

중국어 특징 중의 하나는 양사가 풍부하다는 점입니다. 양사란 사람, 사물 또는 동작의 수량 단위를 나타내는 단어입니다. 한국어의 양사와 달리 중국어에서는 '수사+양사+명사'의 어순을 가집니다. 즉, 한국어에서는 '책 한 권'이라고 하지만 중국어에서는 '一本书(yì běn shū)'라고 합니다. 양사는 수사나 지시대명사와 결합하여 수량사구를 이루어야 문장성분이 될 수 있습니다.

기초 탄탄

1 명량사

사람 혹은 사물의 단위를 나타내는 단어로 수사와 결합하여 주로 명사 앞에 위치한다.

1) 개체양사 (사물을 하나씩 셀 때 쓰는 양사)

我有一辆汽车。 나는 자동차 한 대가 있다.
Wǒ yǒu yí liàng qìchē.

我想买一件衣服。 나는 옷 한 벌을 사고 싶다.
Wǒ xiǎng mǎi yí jiàn yīfu.

2) 집합양사 (사물을 하나의 집합으로 셀 때 쓰는 양사)

这双皮鞋多少钱? 이 구두 한 켤레 얼마예요?
Zhè shuāng píxié duōshao qián?

这套西装太贵了。 이 양복 한 벌이 너무 비싸다.
Zhè tào xīzhuāng tài guì le.

3) 불특정양사

你吃一点儿东西吧。 무얼 좀 먹어요.
Nǐ chī yìdiǎnr dōngxi ba.

我上网找一些资料。 인터넷에 들어가서 자료를 조금 찾는다.
Wǒ shàngwǎng zhǎo yìxiē zīliào.

4) 차용양사(사물을 나타내는 명사를 양사로 차용한 것)

给我一杯水。 물 한 잔을 줘요.
Gěi wǒ yì bēi shuǐ.

我喝了一瓶葡萄酒。 나는 와인 한 병을 마셨다.
Wǒ hēle yìpíng pútaojiǔ.

5) 도량사(도량형 단위를 양사로 쓰는 것)

苹果多少钱一斤? 사과가 한 근에 얼마예요?
Píngguǒ duōshao qián yì jīn?

这河有两米深。 이 강의 깊이는 2m이다.
Zhè hé yǒu liǎng mǐ shēn.

2 동량사

동작이나 행위의 단위를 나타내는 단어로 수사와 결합하여 주로 동사 뒤에 위치한다.

1) 次 반복적으로 일어날 수 있는 동작의 횟수

我去过一次中国。 나는 중국에 한 번 간 적이 있다.
Wǒ qùguo yí cì zhōngguó.

我见过他几次。 나는 그를 몇 번 본 적 있다.
Wǒ jiànguo tā jǐ cì.

2) 趟 왕복의 횟수

我去了一趟洗手间。 나는 화장실에 한 번 다녀왔다.
Wǒ qùle yí tàng xǐshǒujiān.

我准备去一趟北京。 나는 베이징에 한 번 다녀올 계획이다.
Wǒ zhǔnbèi qù yí tàng běijīng.

3) 遍 동작의 횟수(처음부터 끝까지 전 과정이 있는 경우)

请你再说一遍。 다시 한번 말씀해 주세요.
Qǐng nǐ zài shuō yí biàn.

你再检查一遍。 다시 한번 검사해 보세요.
Nǐ zài jiǎnchá yí biàn.

4) 下 동작의 횟수('한 번', '시도해 보다'의 의미)

你稍等一下。 좀 기다려 줘요.
Nǐ shāoděng yíxià.

你好好想一下。 잘 좀 생각해 봐요.
Nǐ hǎohāo xiǎng yíxià.

실력 쑥쑥

자주 쓰이는 양사

양사	쓰임새	결합하는 명사
本 běn	책, 서적	书 shū 책 词典 cídiǎn 사전 杂志 zázhì 잡지
辆 liàng	차량	自行车 zìxíngchē 자전거 汽车 qìchē 자동차
件 jiàn	옷, 선물, 일	衣服 yīfu 옷 毛衣 máoyī 스웨터 衬衫 chènshān 셔츠 礼物 lǐwù 선물 事情 shìqíng 일
条 tiáo	가늘고 긴 것, 뉴스	裤子 kùzi 바지 裙子 qúnzi 치마 鱼 yú 생선 河 hé 강 新闻 xīnwén 뉴스
张 zhāng	종이류, 침대/탁자, 얼굴	纸 zhǐ 종이 桌子 zhuōzi 탁자 照片 zhàopiàn 사진 票 piào 표 床 chuáng 침대 脸 liǎn 얼굴
节 jié	수업	课 kè 수업
台 tái	전자제품	电脑 diànnǎo 컴퓨터 冰箱 bīngxiāng 냉장고 空调 kōngtiáo 에어컨 电视机 diànshìjī 텔레비전
块 kuài	조각	糖 táng 사탕 面包 miànbāo 빵 手表 shǒubiǎo 손목시계 蛋糕 dàngāo 케이크
家 jiā	기업, 상점 등	公司 gōngsī 회사 餐厅 cāntīng 식당 商店 shāngdiàn 상점 医院 yīyuàn 병원

个 gè	사람, 전용양사가 없는 명사	人 rén 사람 学校 xuéxiào 학교 苹果 píngguǒ 사과 书包 shūbāo 책가방 朋友 péngyou 친구
位 wèi	사람 (존중의 의미)	客人 kèrén 손님 老师 lǎoshī 선생님
只 zhī	쌍을 이루는 사물의 한 쪽, 동물, 배	手 shǒu 손 鞋 xié 신발 猫 māo 고양이 鸡 jī 닭 船 chuán 배
对 duì	짝을 이루는 두 사람, 동물	夫妻 fūqī 부부 鸟 niǎo 새
套 tào	세트	家具 jiājù 가구 房间 fángjiān 방 西装 xīzhuāng 양복
双 shuāng	짝을 이루어 사용하는 물건	鞋 xié 신발 袜子 wàizi 양말 筷子 kuàizi 젓가락 手套 shǒutào 장갑

연습 톡톡

1 빈칸에 알맞은 양사를 넣은 후 수량사구를 적어 보세요.

1) 一（　）裙子　　一（　）床

_____

2) 一（　）电脑　　一（　）画

_____

3) 两（　）饭店　　一（　）事儿　　三（　）书

_____

4) 一（　）猫　　一（　）面包　　一（　）运动鞋

_____

2 틀린 부분을 고쳐 보세요.

1) 这辆洗衣机很好用。

_____

2) 树上有一双鸟。

_____

3) 我买了一张杂志。

_____

4) 这条毛衣多少钱?

_____

5) 我已经三次去过中国了。

_____

3 다음 문장을 중국어로 옮겨 보세요.

1) 시원한 맥주 한 병 주세요.
   _____

2) 오렌지 주스 한 잔을 마시고 싶다.
   _____

3) 나는 청바지 한 벌을 살 계획이다.
   _____

4) 이 소설은 재미있어서 두 번이나 보았다.
   _____

5) 이 식당은 날마다 손님이 많아요.
   _____

어휘
裙子 qúnzi 치마, 스커트   饭店 fàndiàn 식당, 호텔   运动鞋 yùndòngxié 운동화   辆 liàng 대(차량을 셀 때 쓰는 양사)
好用 hǎoyòng 쓰기에 편리하다   毛衣 máoyī 스웨터, 털옷   橙汁 chéngzhī 오렌지 주스   牛仔裤 niúzǎikù 청바지
客人 kèrén 손님

3. 어림수의 표현

"그녀는 나이가 어떻게 되나요?"와 같은 질문을 받을 때 정확히 모르고 "서른 살 정도(三十岁 左右sānshí suì zuǒyòu)"라고 자주 대답합니다. 이렇게 일상생활에서는 정확한 숫자가 아닌 어림수로 표현하는 경우가 종종 있습니다. 중국어에서 어림수를 나타내는 방법을 같이 배워 볼까요?

기초 탄탄

1 인접한 두 개 숫자

1에서 9까지 인접한 두 개의 숫자를 함께 사용한다.

钱包里有四五百块钱。 지갑에 돈 사오 백 위안이 있다.
Qiánbāoli yǒu sìwǔ bǎi kuài qián.

每个班有十二三个学生。 반마다 학생 열 두세 명이 있다.
Měi ge bān yǒu shí'èrsán ge xuésheng.

2 多

어떤 수를 초과하되 확정적이지 않은 나머지 수가 있음을 나타낸다.

1) 수사+多+양사   끝 자릿수가 0인 경우

一共有二十多个人。 모두 20명이 넘는다.
Yígòng yǒu èrshí duō ge rén.

他七十多公斤重。 그의 몸무게는 70kg이 넘는다.
Tā qīshí duō gōngjīn zhòng.

2) 수사+양사+多+(명사)

我离开上海一年多了。 나는 상하이를 떠난 지 1년이 넘었다.
Wǒ líkāi Shànghǎi yì nián duō le.

他买了三斤多水果。 그가 세 근 넘는 과일을 샀다.
Tā mǎile sān jīn duō shuǐguǒ.

3 来

확정적이지 않은 수를 나타낸다.

1) 수사+来+양사   끝 자릿수가 0인 경우

他看上去五十来岁。 그는 보기에 50살 정도이다.
Tā kànshàngqu wǔshí lái suì.

我在这儿住了十来年了。 내가 여기에서 산 지 10년 정도 되었다.
Wǒ zài zhèr zhùle shí lái nián le.

2) 수사+양사+来+(명사)   끝 자릿수가 0가 아닌 경우

他病了一个来月了。 그가 아픈 지 한 달 정도 되었다.
Tā bìngle yí ge lái yuè le.

一支笔就五块来钱。 펜 한 자루는 5위안 정도이다.
Yì zhī bǐ jiù wǔ kuài lái qián.

4 几

'几'는 1부터 9 사이의 확정적이지 않은 수를 나타낸다.

这几天天气不错。 요 며칠 날씨가 좋다.
Zhè jǐ tiān tiānqì búcuò.

我跟几个朋友一起吃饭。 나는 친구 몇 명과 밥을 먹는다.
Wǒ gēn jǐ ge péngyou yìqǐ chīfàn.

5 左右 / 上下 / 前后

左右 / 上下 / 前后는 나온 숫자보다 조금 많거나 조금 적은 수를 나타낸다.

他早上七点左右起床。 그는 아침 7시쯤에 일어난다.
Tā zǎoshang qī diǎn zuǒyòu qǐchuáng.

他看上去二十岁上下。 그는 보기에 20살쯤 된다.
Tā kànshàngqu èrshí suì shàngxià.

春节前后商店里人很多。 설날쯤에 상점에는 사람들이 많다.
ChūnJié qiánhou shāngdiànli rén hěn duō.

실력 쑥쑥

1 '两'도 어림수로 쓸 수 있다

这两天我工作很忙。 요 며칠 나는 일이 바쁘다.
Zhè liǎng tiān wǒ gōngzuò hěn máng.

这两天他心情不好。 요 며칠 그는 기분이 좋지 않다.
Zhè liǎng tiān tā xīnqíng bù hǎo.

2 左右 / 上下 / 前后의 구별

左右 zuǒyòu: 사용 범위가 가장 넓음(수량, 금액, 나이, 길이, 높이, 거리 등에 사용)

上下 shàngxià: 주로 나이, 높이(키), 무게 등에 사용

前后 qiánhòu: 특정 시간과 함께 사용, 주로 명절과 사용

五个小时左右 (O)　　五个小时上下 (X)　　五个小时前后 (X)
wǔ ge xiǎoshí zuǒyòu

元旦前后 (O)　　　　元旦左右 (X)　　　　元旦上下 (X)
yuándàn qiánhòu

연습 톡톡

1 틀린 부분을 고쳐 보세요.

1) 这件衣服要人民币一千块多钱。

2) 国庆节左右我们一起聚一下吧。

3) 他去超市买了十个来苹果。

4) 他很年轻，看上去二十四三岁。

5) 我在车站等了一个左右小时。

2 올바른 순서로 배열하여 문장을 만들어 보세요

1) 有意思　这　都　很　本　几　书

2) 城市　两　多　年　历史　千　这　有　个

3) 人　了　有　三　参加　会议　四　百

4) 来　件　行李　有　二十　重　公斤　这

5) 下班　每天　他　晚上　七点　左右

3 다음 문장을 중국어로 옮겨 보세요.

1) 서울로 이사 온 지 한 달이 넘었다.
   _____

2) 한국 대학생의 한 달 생활비가 60만원 정도 든다.
   _____

3) 오늘 서점에 가서 참고서 몇 권을 샀다.
   _____

4) 추석쯤에 고향에 내려가서 부모님을 뵐 생각이다.
   _____

5) 입사해서 초봉은 대략 이삼 천 위안 정도 된다.
   _____

어휘
国庆节 Guóqìng Jié 국경절, 건국 기념일　**苹果** píngguǒ 사과　**年轻** niánqīng 젊다　**车站** chēzhàn 정거장
城市 chéngshì 도시　**行李** xíngli 여행짐, 수화물　**下班** xiàbān 퇴근하다　**生活费** shēnghuófèi 생활비
参考书 cānkǎoshū 참고서　**老家** lǎojiā 고향　**初薪** chūxīn 초봉

4. '一点儿' vs '有点儿'

한국 학생들이 "저는 중국어를 조금 할 줄 알아요"라고 말할 때 흔히 "我会说汉语一点儿"이라고 합니다. 이것은 문법적으로 틀린 표현이며 "我会说一点儿汉语(Wǒ huì shuō yìdiǎnr Hǎnyǔ)"로 수정해야 합니다. 그 이유는 '一点儿(yìdiǎnr)'은 수량사로 명사 앞에 위치하여 명사를 수식해야 하기 때문입니다. 이 외에도 중국어에서는 '有点儿(yǒudiǎnr)'도 조금이라는 뜻을 나타낼 수 있어서 학생들이 학습할 때 늘 '一点儿'과 혼돈하여 구별하기 어렵습니다. 여기에서 두 단어의 차이점을 자세히 설명하여 확실히 짚고 넘어갑시다.

기초 탄탄

① 一点儿 수량사. 약간, 조금

1) 동사+一点儿

　再吃一点儿吧。 좀 더 드세요.
　Zài chī yìdiǎnr ba.

　给我来一点儿。 저에게 좀 줘요.
　Gěi wǒ lái yìdiǎnr.

2) 一点儿+명사

　我吃了一点儿药。 나는 약을 조금 먹었다.
　Wǒ chīle yìdiǎnr yào.

　晚上少喝一点儿酒。 밤에 술을 좀 적게 드세요.
　Wǎnshang shǎo hē yìdiǎnr jiǔ.

3) 형용사+一点儿

　再便宜一点儿吧。 좀 더 싸게 해 주세요.
　Zài piányi yìdiǎnr ba.

　我今天想早一点儿回家。 나는 오늘에 조금 일찍 집에 가고 싶다.
　Wǒ jīntiān xiǎng zǎo yìdiǎnr huíjiā.

　这双鞋大了一点儿。 이 신발은 약간 크다.
　Zhè shuāng xié dà le yìdiǎnr.

② 有点儿 부사

1) 有点儿+형용사

这个房间有点儿脏。 이 방은 약간 더럽다.
Zhè ge fángjiān yǒudiǎnr zāng.

我觉得身体有点儿不舒服。 나는 몸이 약간 아프다고 느낀다.
Wǒ juéde shēntǐ yǒudiǎnr bù shūfu.

2) 有点儿+일부 심리동사, 조동사(喜欢, 愿意, 想)

她有点儿生气了。 그녀는 약간 화가 났다.
Tā yǒudiǎnr shēngqì le.

她心里有点儿不愿意。 그녀의 마음이 약간 내키지 않는다.
Tā xīnli yǒudiǎnr bú yuànyì.

실력 쑥쑥

* '有点儿'은 일반적으로 소극적이고 부정적인 의미를 가지는 형용사들을 수식한다.

有点儿合适 (X)　有点儿不合适 (O) yǒudiǎnr bù héshì　조금 안 맞다
有点儿漂亮 (X)　有点儿丑 (O) yǒudiǎnr chǒu　조금 못 생겼다
有点儿便宜 (X)　有点儿贵 (O) yǒudiǎnr guì　조금 비싸다

* '一点儿+也／都+不~'는 '조금도 ~하지 않는다'라는 의미로 강조의 의미를 나타낸다.

今天一点儿也不冷。 오늘 전혀 춥지 않다.
Jīntiān yìdiǎnr yě bù lěng.

我一点儿也不后悔。 나는 전혀 후회하지 않는다.
Wǒ yìdiǎnr yě bú hòuhuǐ.

这件事一点儿也不麻烦。 이 일은 전혀 귀찮지 않다.
Zhè jiàn shì yìdiǎnr yě bù máfan.

法语我一点儿都不会。 불어는 내가 전혀 할 줄 모른다.
Fǎyǔ wǒ yìdiǎnr dōu bú huì.

연습 톡톡

1 주어진 단어로 교체하면서 말하고, 문장도 적어 보세요.

1) 我买了一点儿东西。[吃-面包 / 喝-酒 / 带-钱]
   _____

2) 你多穿一点儿衣服。[喝-水 / 吃-水果 / 看-书]
   _____

3) 这双鞋小了一点儿。[这条裤子-长 / 颜色-暗 / 价格-贵]
   _____

4) 这个手提包有点儿贵。[件-衣服-脏 / 本-书-旧 / 道-菜-咸]
   _____

2 틀린 부분을 고쳐 보세요.

1) 我会说日语一点儿。
   _____

2) 这台空调有点儿新。
   _____

3) 今天早上我吃了有点儿面条。
   _____

4) 他吃了药一点儿，感冒好了有点儿。
   _____

5) 风一点儿大，多穿衣服一点儿。
   _____

3 다음 문장을 중국어로 옮겨 보세요.

1) 배가 조금 고파서 먹을 걸 좀 사러 갈게요.
   _____

2) 이 반찬은 조금 짜요. 물을 좀 더 넣어요.
   _____

3) 며칠 동안 쉬었더니 몸이 좀 나아졌어요.
   _____

4) 이 옷은 조금 작으니 약간 큰 것이 있나요?
   _____

5) 나는 맥주를 조금만 마셔서 전혀 취하지 않았어요.
   _____

어휘 带 dài (몸에) 지니다　裤子 kùzi 바지　颜色 yánsè 색채, 얼굴빛　暗 àn 어둡다　价格 jiàgé 가격　空调 kōngtiáo 에어컨　感冒 gǎnmào 감기, 감기에 걸리다　肚子 dùzi 배　疼 téng 아프다　咸 xián 짜다　醉 zuì 취하다

memo

6

시간과 공간의 표현

1. 시간사의 용법
2. 시간부사 '再, 又, 就, 才'
   의 용법
3. 처소사의 용법
4. 기점과 종점의 표현

1. 시간사의 용법

"몇 시에 만날까요?", "하루 몇 시간 자요?" 이와 같이 우리의 일상생활은 시간과 밀접한 관계 속에서 이루어지며, 대화를 나눌 때에도 시간과 관련된 표현을 쓰게 됩니다. 시각과 시간은 중국어로 어떻게 나타내는지 한번 살펴볼까요?

기초 탄탄

1 시각

1) 몇 시 几点

> A: 现在几点? 지금 몇 시니?
> Xiànzài jǐ diǎn?
>
> B: 现在十二点半。 지금 12시 반이야.
> Xiànzài shí'èr diǎn bàn.
>
> A: 电影几点开始? 영화는 몇 시에 시작해?
> Diànyǐng jǐ diǎn kāishǐ?
>
> B: 电影七点一刻开始。 영화는 7시 15분에 시작해.
> Diànyǐng qī diǎn yí kè kāishǐ.

2) 무슨 요일 星期几

> A: 你星期几有课? 너 무슨 요일에 수업이 있니?
> Nǐ xīngqījǐ yǒu kè?
>
> B: 我星期三有课。 난 수요일에 수업이 있다.
> Wǒ xīngqīsān yǒu kè.

3) 몇 월 몇 일 几月几号

> A: 你几号出差? 넌 몇 일에 출장 가니?
> Nǐ jǐ hào chūchāi?

B: 我八月三号出差。 난 8월 3일에 출장 가.
Wǒ bā yuè sān hào chūchāi.

A: 你的生日是几月几号？ 너의 생일은 몇 월 몇 일이야?
Nǐ de shēngrì shì jǐ yuè jǐ hào?

B: 我的生日是11月25号。 내 생일은 11월 25일이야.
Wǒ de shēngrì shì shíyī yuè èrshíwǔ hào.

4) 언제   什么时候

A: 你什么时候回国？ 너 언제 귀국하니?
Nǐ shénme shíhou huíhuó?

B: 我下个月三号回国。 난 다음 달 3일에 귀국해.
Wǒ xià ge yuè sān hào huí guó.

* ~할 때   ~的时候

他上课的时候，老玩手机。 그는 수업을 할 때 늘 핸드폰으로 논다.
Tā shàngkè de shíhou, lǎo wán shǒujī.

我小的时候，住在农村。 내가 어렸을 때 농촌에서 살았다.
Wǒ xiǎo de shíhou, zhù zài nóngcūn.

2 시간

1) ~시간: ~小时

A: 你等了多长时间？ 넌 얼마 동안 기다렸니?
Nǐ děngle duō cháng shíjiān?

B: 我等了一个小时。 난 한 시간 동안 기다렸어.
Wǒ děngle yí ge xiǎoshí.

2) ~일: ~天

A: 你在北京呆了几天？ 너는 북경에서 몇 일 동안 머물렀니?
Nǐ zài běijīng dāile jǐ tiān?

B: 我呆了三天。 난 3일 동안 머물렀어.
Wǒ dāile sān tiān.

3) ~개월: ~个月

A: 你打算学多长时间? 넌 얼마 동안 공부할 생각이니?
Nǐ dǎsuan xué duōcháng shíjiān?

B: 我打算学一个月。 난 한 달 동안 공부할 생각이야.
Wǒ dǎsuan xué yí ge yuè.

4) ~년: ~年

A: 你们认识多久了? 너희들은 안 지 얼마나 되었어?
Nǐmen rènshi duō jiǔ le?

B: 我们认识三年了。 우리는 안 지 3년이 되었어.
Wǒmen rènshi sān nián le.

* 시간 읽는 법

2:00	两点 liǎng diǎn
2:05	两点五分 liǎng diǎn wǔ fēn
2:15	两点一刻 liǎng diǎn yí kè 两点十五分 liǎng diǎn shíwǔ fēn
2:30	两点半 liǎng diǎn bàn 两点三十分 liǎng diǎn sānshí fēn
2:45	两点三刻 liǎng diǎn sānkè 两点四十五分 liǎng diǎn wìshíwǔ fēn 差一刻 / 十五分三点 chà yí kè/shíwǔfēn sān diǎn
2:55	差五分三点 chà wǔ fēn sān diǎn 两点五十五分 liǎng diǎn wǔshíwǔ fēn

* 시간에 관련된 표현

| 요일 | 上上个星期 shàngshàng ge xīngqī 지지난 주
上个星期 shàng ge xīngqī 지난 주
这个星期 zhè ge xīngqī 이번 주
下个星期 xià ge xīngqī 다음 주
下下个星期 xiàxià ge xīngqī 다다음 주 |

월	上上个月 shàngshàng ge yuè 지지난 달 上个月 shàng ge yuè 지난 달 这个月 zhè ge yuè 이번 달 下个月 xià ge yuè 다음 달 下下个月 xià xià ge yuè 다다음 달
년	前年 qiánnián 재작년　去年 qùnián 작년　今年 jīnnián 올해 明年 míngnián 내년　后年 hòunián 후년
일	前天 qiántiān 그저께　昨天 zuótiān 어제　今天 jīntiān 오늘 明天 míngtiān 내일　后天 hòutiān 모레
하루	早上 zǎoshang 아침　中午 zhōngwǔ 점심때　下午 xiàwǔ 오후 晚上 wǎnshang 저녁　半夜 bànyè 깊은 밤　凌晨 língchén 새벽

* 시간량을 나타내는 표현

十分钟 shífēnzhōng 십 분　一刻钟 yí kè zhōng 십오 분
半个小时 bàn ge xiǎoshí 삼십 분, 반 시간　一个小时 yí ge xiǎoshí 한 시간
一个半小时 yí ge bàn xiǎoshí 한 시간 반
一个小时二十分钟 yí ge xiǎoshí èrshí fēnzhōng 한 시간 이십 분
一天 yìtiān 하루　一夜 yí yè 하룻밤　一个星期 yí ge xīngqī 일 주
一个月 yí ge yuè 한 달　一年 yì nián 일 년

실력 쑥쑥

※ **아래의 차이에 유의하세요!**

수사+月: 시각

一月 yī yuè 1월   二月 èr yuè 2월   十月 shí yuè 10월

수사+个+月: 시간

一个月 yí ge yuè 한 달   两个月 liǎng ge yuè 두 달   十个月 shí ge yuè 십 개월

※ 한 시간을 한국어와 혼돈하여 '一个时间'이라고 하는 학생이 종종 있는데 그렇게 말하면 안 되고 '一个小时'라고 해야 한다는 것을 꼭 기억하세요.

我每天运动一个时间。(✗)

我每天运动一个小时。(○) 나는 매일 한 시간 동안 운동한다.
Wǒ měitiān yùndòng yí ge xiǎoshí.

연습 톡톡

1 주어진 단어로 교체하면서 말하고, 문장도 적어 보세요.

1) 我 早上七点半 起床。

[中午12点-吃午饭 / 下午五点-放学回家 / 晚上11点三刻-睡觉]

_____

2) 我们 7月10号 放假。

[下星期五-考汉语 / 下个月六号-开运动会 / 明年2月-去中国旅行]

_____

3) 我 睡 一会儿。 [休息-三天 / 呆-一个星期 / 住-两年]

_____

2 틀린 부분을 고쳐 보세요.

1) 他想在美国学习十月。

_____

2) 我每天睡八个时间左右。

_____

3) 你星期天一般起床几点?

_____

4) 我十点两刻在学校门口等你。

_____

5) 我跟父母在农村生活了三个年。

_____

3 다음 문장을 중국어로 옮겨 보세요.

1) 야구 시합은 5시 30분부터 시작한다.
   _____

2) 우리 한 시간 후에 지하철역에서 만납시다.
   _____

3) 내가 대학원을 졸업한 지 2년이 되었다.
   _____

4) 수업을 할 때 옆 친구와 이야기를 나누면 안 돼요.
   _____

5) 이번 여름방학에 나는 할머니집에 두 달 정도 머물 생각이다.
   _____

어휘
刻 kè 15분　放假 fàngjià 방학하다, 휴가를 보내다　考 kǎo 시험치다, 시험보다　呆 dāi 머무르다　住 zhù 거주하다
一般 yìbān 일반적이다　门口 ménkǒu 입구　农村 nóngcūn 농촌　棒球比赛 bàngqiú bǐsài 야구 시합
地铁站 dìtiězhàn 지하철역　同桌 tóngzhuō 옆 친구, 짝꿍　暑假 shǔjià 여름 방학　奶奶 nǎinai 할머니

2. 시간부사 '再, 又, 就, 才'의 용법

외국어를 공부하면서 상대방의 말을 이해하지 못했을 때 "이해를 못했으니 다시 한번 말해 주세요."(我没听懂，请再说一遍。Wǒ méi tīngdǒng, qǐng zài shuō yí biàn.)라는 말을 자주 하죠? 여기서 사용되는 '再'는 '또, 다시'의 의미로 사용되는 시간부사입니다. 중국어에서 사용빈도가 매우 높은 시간부사가 몇 개 있습니다. 즉, '또, 다시'라는 의미를 나타내는 '又, 再', 사건 발생시간의 늦고 빠름과 일이 순조롭게 실현되었는가 여부를 나타내는 '才, 就'가 그것입니다. 지금부터 시간부사들의 용법과 차이점을 자세히 살펴봅니다.

기초 탄탄

1 再

再+동사: 다시. 발생하지 않은 동작의 반복을 나타낸다.

这个字你再写一遍。 이 글자는 다시 한 번 써보세요.
Zhè ge zì nǐ zài xiě yí biàn.

他不在，那我明天再来。 그가 없으니 내가 내일 다시 올게.
Tā bú zài, nà wǒ míngtiān zài lái.

2 又

又+동사+了: 다시, 또. 이미 발생한 동작의 반복을 나타낸다.

这个字我又写了一遍。 이 글자는 내가 또 한 번 썼다.
Zhè ge zì wǒ yòu xiěle yí biàn.

他昨天迟到，今天又迟到了。 그는 어제 지각했고 오늘 또 지각했다.
Tā zuótiān chídào, jīntiān yòu chídào le.

미래이지만 규칙적인 일의 반복을 나타낸다.

时间真快! 又要开学了。 시간이 참 빠르다! 또 개강할 것이다.
Shíjiān zhēn kuài! Yòu yào kāixué le.

06 시간과 공간의 표현   133

过完周末，明天又是星期一了。 주말이 지나면 내일 또 월요일이 될 것이다.
Guòwán zhōumò, míngtiān yòu shì xīngqī yī le.

3 就

就+동사: 바로. 곧 일어날 것을 나타낸다.

你等等，我马上就去。 좀 기다려요. 제가 곧 갈게요.
Nǐ děngdeng, wǒ mǎshang jiù qù.

你坐一会儿，晚饭马上就好。 잠시 앉아 계세요. 저녁이 곧 다 될 거예요.
Nǐ zuò yíhuìr, wǎnfàn mǎshang jiù hǎo.

就+동사+了: 벌써

九点开会，他八点就来了。 9시에 회의인데 그는 8시에 벌써 왔다.
Jiǔ diǎn kāihuì, tā bā diǎn jiù lái le.

他昨天晚上九点就睡了。 그가 어제 밤 9시에 바로 잤다.
Tā zuótiān wǎnshang jiǔ diǎn jiù shuì le.

4 才

才+동사: ~에야 비로소

你怎么现在才来？ 넌 왜 이제서야 왔니?
Nǐ zěnme xiànxài cái lái?

他昨天凌晨一点才睡。 그는 어제 새벽 1시가 되어서 비로소 잤다.
Tā zuótiān língchén yì diǎn cái shuì.

실력 쑥쑥

1 '就'와 '才'의 구별

'就'는 어떤 상황이나 상태가 '이름, 빠름, 쉬움, 순조로움'을 나타낸다.
'才'는 반대로 '늦음, 느림, 쉽지 않음, 순조롭지 않음'을 나타낸다.

他早上六点就起床了。 (이름) 그는 아침 6시에 벌써 일어났다.
Tā zǎoshang liù diǎn jiù qǐchuáng le.

他早上十点才起床。 (늦음) 그는 오전 10시가 되어서야 일어났다.
Tā zǎoshang shí diǎn cái qǐchuáng.

走了几分钟就到地铁站了。 (빠름) 몇 분만 걸으면 바로 지하철역이다.
Zǒule jǐ fēnzhōng jiù dào dìtiězhàn le.

走了半个小时才到地铁站。 (느림) 30분 동안 걸어야 비로소 지하철에 도착했다.
Zǒule bàn ge xiǎoshí cái dào dìdiězhàn.

老师讲了一遍我就懂了。 (쉬움) 선생님께서 한 번만 말씀하시면 내가 바로 이해했다.
Lǎoshī jiǎng le yí biàn wǒ jiù dǒng le.

老师讲了好几遍我才懂。 (쉽지 않음) 선생님께서 여러 번 말씀하신 후에야 내가 비로소 이해했다.
Lǎoshī jiǎngle hǎo jǐ biàn wǒ cái dǒng.

'就'가 있는 문장 뒤에는 항상 '了'가 수반되고, '才' 뒤에는 보통 '了'가 수반되지 않는다.

2 '才'의 용법

1) 才+시간, 나이, 수량을 나타내는 말

시간이 이르거나 나이, 수량이 적음을 나타내며 이때는 '就'와 호응한다.

才八点，他就睡了。 겨우 8시인데 그는 벌써 잤다.
Cái bā diǎn, tā jiù shuì le.

才二十多岁，他就创业了。 겨우 스물 몇 살인데 그는 벌써 창업했다.
Cái èrshí duō suì, tā jiù chuàngyè le.

才喝了一杯酒，脸就红了。 겨우 술 한 잔을 마셨는데 얼굴이 벌써 빨개졌다.
Cái hēle yī bēi jiǔ, liǎn jiù hóng le.

2) 시간, 나이, 수량을 나타내는 말 + 才

시간이 늦음, 나이나 수량이 많다는 의미를 나타낸다.

八点上课，他八点半才来。 8시에 수업을 하는데 그는 8시 반이 되어서야 비로소 왔다.
Bā diǎn shàngkè, tā bā diǎn bàn cái lái.

他工作忙，四十多岁才结婚。 그가 일이 바빠서 40살이 넘어서야 비로소 결혼했다.
Tā gōngzuò máng, sìshí duō suì cái jiéhūn.

3 '还'의 용법

'还'는 '再'처럼 발생하지 않은 동작의 반복을 나타내며, 다만 '还'는 조동사 앞에, '再'는 조동사 뒤에 위치한다.

我还想去一次中国。 나는 또 한 번 중국에 가고 싶다.
Wǒ hái xiǎng qù yí cì Zhōngguó.

我想再去一次中国。
Wǒ xiǎng zài qù yí cì Zhōngguó.

我还想再去一次中国。
Wǒ hái xiǎng zài qù yí cì Zhōngguó.

연습 톡톡

1 주어진 단어로 교체하면서 말하고, 문장도 적어 보세요.

1) 你再试一次。[吃一点儿 / 检查一遍 / 确认一下]
　_____

2) 他又迟到了。[起晚 / 请假 / 感冒]
　_____

3) 他六岁就开始学钢琴了。[学游泳 / 学画画儿 / 练书法]
　_____

4) 你怎么现在才下班? [回家 / 预订 / 报名]
　_____

2 '再, 又, 就, 才' 중 하나를 선택하여 빈칸을 채워 보세요.

1) 电影六点半开演, 他六点___到了。
　_____

2) 上次来晚了, 这次___来晚了。
　_____

3) 别担心, 我___喝了半瓶啤酒。
　_____

4) 明天星期一, ___要去上班了。
　_____

5) 我上午给你发了短信, 你怎么现在___回?
　_____

3 다음 문장을 중국어로 옮겨 보세요.

1) 제 노트북이 또 고장이 났어요.
_____

2) 당신이 다시 그에게 전화를 해서 좀 물어봐요.
_____

3) 그 일을 왜 이제야 나에게 알려 주는 거니?
_____

4) 그는 겨우 30살인데 벌써 회사 사장이 되었어요.
_____

5) 이 음식점은 정말 괜찮으니 우리 다음에 다시 옵시다.
_____

어휘
确认 quèrèn 확인(하다)　　**请假** qǐngjià 휴가를 신청하다　　**画儿** huàr 그림　　**练** liàn 연습하다　　**书法** shūfǎ 서법, 서예
预订 yùdìng 예약(하다)　　**开演** kāiyǎn (연극, 영화 등이) 시작하다　　**短信** duǎnxìn 문자 메시지
笔记本电脑 bǐjìběn diànnǎo 노트북　　**老板** lǎobǎn 사장

3. 처소사의 용법

"가방에 넣었습니다"라는 말을 중국어로 옮기면 어떻게 될까요? "放在包"라고 하면 안 되고 "放在包里(fàngzài bāoli)"라고 해야 합니다. '包'는 일반명사로 장소를 나타낼 수 없기 때문에 방위사를 사용하여 장소를 표시해야 합니다. 그럼, 중국어로 장소를 나타내는 표현을 배워 봅시다.

기초 탄탄

1 쌍음절 방위사 직접 사용

您**里边**坐。 안으로 앉으세요.
Nín lǐbian zuò.

他在**外边**等呢。 그가 밖에서 기다리고 있다.
Tā zài wàibian děng ne.

2 일부 명사는 장소명사로도 사용

商场(**里**)人不多。 상점(안)에 사람이 많지 않다.
Shāngchǎng(li) rén bù duō.

他们在教室(**里**)上课。 그들은 교실에서 수업을 한다.
Tāmen zài jiàoshì(li) shàngkè.

3 일반명사+방위사

包**里**有一些化妆品。 가방 안에 화장품이 조금 있다.
Bāoli yǒu yìxiē huàzhuāngpǐn.

你的眼镜在书桌**上**。 너희 안경은 책상 위에 있다.
Nǐ de yǎnjìng zài shūzhuō shang.

公寓楼**前边**有便利店。 아파트 앞에 편의점이 있다.
Gōngyù lóu qiánbian yǒu biànlìdiàn.

餐厅旁边有一家花店。 식당 옆에 꽃집이 하나 있다.
Cāntīng pángbian yǒu yì jiā huādiàn.

④ 사람+这儿/那儿 그 사람이 있는 곳

我去朋友那儿玩儿了。 나는 친구에게 가서 놀았다.
Wǒ qù péngyou nàr wánr le.

他今天在我这儿吃饭。 그는 오늘 내가 있는 곳에서 밥을 먹기로 했다.
Tā jīntiān zài wǒ zhèr chīfàn.

실력 쑥쑥

1 방위 명사

上	下	前	后	左	右	里	外	东	西	南	北
shàng	xià	qián	hòu	zuǒ	yòu	lǐ	wài	dōng	xī	nán	běi

上面 shàngmian 위　　上边 shàngbian 위　　下面 xiàmian 아래　　下边 xiàbian 아래
外面 wàimian 밖　　中间 zhōngjiān 중간　　旁边 pángbian 옆　　对面 duìmiàn 건너편

2 보통명사의 장소화

장소명사가 아닌 보통명사를 장소명사처럼 사용할 경우, 중국어는 한국어와 달리 두 가지 방법을 취할 수 있다.

1) 인칭대명사/사람을 나타내는 명사+这儿/那儿

　　我这儿 wǒ zhèr　　他那儿 tā nàr　　老师那儿 lǎoshī nàr

2) 보통명사+방위사

　　书里 shūli 책 안에　　楼上 lóushang 위층　　身旁 shēnpang 곁
　　心里 xīnli 마음속　　山下 shānxia 산 아래　　桌子上 zhuōzi shang 탁자 위

③ 주의점

처소사는 앞에 '在'가 없어도 주어가 될 수 있다.

在屋里有一张桌子。(X)

屋里有一张桌子。(O) 방 안에 탁자가 하나 있다.
Wūli yǒu yì zhāng zhuōzi.

'~에서 ~하다'의 의미를 나타낼 때 처소사는 동사 앞에 위치해야 한다.

他开会在会议室。(X)

他**在会议室**开会。(O) 그는 회의실에서 회의를 한다.
Tā zài huìyìshì kāi huì.

연습 톡톡

1 주어진 단어로 교체하면서 말하고, 문장도 적어 보세요.

1) <u>食堂</u>在<u>图书馆 旁边</u>。

　　[地铁站-百货商店-前边 / 邮局-那个楼-后边 / 洗手间-这个楼-里边]

　　_____

2) <u>教室里</u>有<u>一个 学生</u>。

　　[客厅里-一台-空调 / 口袋里-一百块-钱 / 钱包里-一张-照片]

　　_____

2 틀린 부분을 고쳐 보세요.

1) 我们在火车聊天。

　　_____

2) 你的护照在旅行包。

　　_____

3) 在书架上有很多书。

　　_____

4) 他跑步在操场上。

　　_____

5) 下课后我去老师借书。

　　_____

3 다음 문장을 중국어로 옮겨 보세요.

1) 이 건물 앞에 주차장이 있다.
　　_____

2) 길 건너편에 있는 정류장에서 버스를 탄다.
　　_____

3) 서랍 안에 안경, 지갑 등 물건들이 있다.
　　_____

4) 그 빵집은 바로 그 높은 건물 뒤에 있다.
　　_____

5) 제가 살고 있는 아파트 단지 근처에 작은 하천이 있다.
　　_____

어휘
百货商店 bǎihuòshāngdiàn 백화점　　邮局 yóujú 우체국　　空调 kōngtiáo 에어컨　　口袋 kǒudai 호주머니
钱包 qiánbāo 돈지갑　　护照 hùzhào 여권, 증명서　　旅行包 lǚxíng bāo 여행 가방　　操场 cāochǎng 운동장
楼 lóu 건물　　停车场 tíngchēchǎng 주차장　　眼镜(儿) yǎnjìng(r) 안경　　抽屉 chōuti 서랍　　面包店 miànbāo diàn 빵집
公寓 gōngyù 아파트

4. 기점과 종점의 표현

비행기를 타고 중국에 갈 때 "서울에서 북경까지 비행기로 시간이 얼마나 걸리나요?" 이렇게 질문을 많이 하죠. 이 말은 중국어로 하면 "从首尔到北京坐飞机要多长时间?(Cóng Shǒu'ěr dào Běijīng zuò fēijī yào duōcháng shíjiān?)"이라고 합니다. 여기서 '从~到~'라는 표현을 사용해서 장소의 기점과 종점을 나타냅니다. 장소 외에도 시간의 기점과 종점도 나타낼 수 있습니다. 매우 유용한 표현이므로 이와 관련된 내용을 배워 봅시다.

기초 탄탄

1 从

从~ ~에서, ~부터 시간과 공간의 기점을 나타낸다.

1) 从+장소

> A: 你从哪儿出发? 어디서 출발하니?
> Nǐ cóng nǎr chūfā?
>
> B: 我从家出发。 난 집에서 출발해.
> Wǒ cóng jiā chūfā.

2) 从+시간

> A: 你从什么时候开始不舒服的? 언제부터 편치 않았어?
> Nǐ cóng shénme shíhou kāishǐ bù shūfu de?
>
> B: 从昨天早上开始不舒服的。 어제 아침부터 편치 않기 시작했다.
> Cóng zuótiān zǎoshang kāishǐ bù shūfu de.

② 到

到~ ~까지 시간과 공간의 종점을 나타낸다.

1) 到+장소

A: **到**你们公司要多长时间? 너희 회사까지 시간이 얼마나 걸려?
Dào nǐmen gōngsī yào duō cháng shíjiān?

B: **到**我们公司要半个小时。 우리 회사까지 30분 걸려.
Dào wǒmen gōngsī yào bàn ge xiǎoshí.

2) 到+시간

A: 你每天工作**到**几点? 넌 날마다 몇 시까지 일해?
Nǐ měitiān gōngzuò dào jǐ diǎn?

B: 我每天工作**到**晚上七点。 난 날마다 밤 7시까지 일해.
Wǒ měitiān gōngzuò dào wǎnshang qī diǎn.

③ 从~到~

从~到~ : ~에서 ~까지, ~부터 ~까지

1) 从+장소+到+장소

A: **从**酒店**到**机场要多长时间? 호텔에서 공항까지 시간이 얼마나 걸리나요?
Cóng jiǔdiàn dào jīchǎng yào duō cháng shíjiān?

B: 差不多要一个小时左右。 대략 1시간 정도 걸려요.
Chàbuduō yào yí ge xiǎoshí zuǒyǒu.

2) 从+시간+到+시간

从九点**到**十一点我有个会议。 9시부터 11시까지 나는 회의가 있다.
Cóng jiǔ diǎn dào shíyī diǎn wǒ yǒu ge huìyì.

4 离

离~ 공간이나 시간에 있어 두 지점 사이의 거리를 계산하는 기점을 나타낸다.

地铁站离这儿很近。 지하철역은 여기에서 가깝다.
Dìtiězhàn lí zhèr hěn jìn.

我家离学校有点儿远。 우리집은 학교에서 조금 멀다.
Wǒ jiā lí xuéxiào yǒudiǎnr yuǎn.

离开演还有一刻钟。 공연 시작할 때까지 아직 15분이 남았다.
Lí kāiyǎn hái yǒu yí kè zhōng.

离开学只剩半个月了。 개강할 때까지 단지 반 개월만 남았다.
Lí kāixué zhǐ shèng bàn ge yuè le.

실력 쑥쑥

자주 쓰이는 표현

从现在起 cóng xiànzài qǐ 지금부터

从头开始 cóng tóu kāishǐ 처음부터

到现在为止 dào xiànzài wéizhǐ 지금까지

到结束为止 dào jiéshù wéizhǐ 끝날 때까지

从头到尾 cóng tóu dào wěi 처음부터 끝까지

从早到晚 cóng zǎo dào wǎn 아침부터 저녁까지

从过去到现在 cóng guòqu dào xiànzài 과거부터 지금까지

연습 톡톡

1 주어진 단어로 교체하면서 말하고, 문장도 적어 보세요.

1) 我家离学校很远。

[酒店-机场 / 这儿-车站 / 教学楼-食堂]

_____

2) 从你家到学校坐地铁要多长时间?

[你家-公司-开车 / 北京-上海-坐高铁 / 首尔-釜山-坐火车]

_____

2 틀린 부분을 고쳐 보세요.

1) 火车站从这儿有点儿远。
_____

2) 从高中毕业还有一年。
_____

3) 我昨天到晚上十二点学习。
_____

4) 明天早上我们出发学校。
_____

5) 我爸爸每天到晚上八点工作。
_____

3 다음 문장을 중국어로 옮겨 보세요.

1) 설날까지 아직 한 달이 남았다.
   _____

2) 아이는 어제 밤부터 열이 나기 시작했다.
   _____

3) 그는 6살부터 벌써 피아노를 배우기 시작했다.
   _____

4) 지금까지 그는 나에게 이메일을 보내지 않았다.
   _____

5) 서울에서 부산까지 운전해서 가면 4시간이나 걸린다.
   _____

酒店 jiǔdiàn 호텔, 술집   机场 jīchǎng 공항   教学楼 jiàoxuélóu 강의동   首尔 Shǒu'ěr 서울(대한민국의 수도)
釜山 Fǔshān 부산   春节 Chūnjié 설날   发烧 fāshāo 열이 나다   弹钢琴 tán gāngqín 피아노를 치다
电子邮件 diànzǐ yóujiàn 이메일

7

능력, 가능, 허가
소망, 당위의 표현

1. 능력의 표현 '会'
2. 가능의 표현 '能'
3. 허가의 표현 '可以'
4. 소망의 표현 '想, 要'
5. 의무·당위의 표현
   '应该, 得'

1. 능력의 표현 '会'

중국인과 대화를 할 때 "你会说汉语吗? Nǐ huì shuō Hànyǔ ma?(중국어를 할 줄 아세요?)"라는 질문을 많이 받습니다. 그 때 "我会说一点儿汉语。Wǒ huì shuō Hànyǔ ma?(저는 중국어를 조금 할 줄 알아요.)"라고 답하면 됩니다. 이처럼 학습으로 인해 어떤 능력을 가지게 될 때 '会'라는 단어로 표현합니다.

기초 탄탄

1 会

会 ~할 줄 안다   주로 학습을 통해 어떤 능력을 터득하는 것을 나타낸다.

1) 긍정형: ~会+동사~   ~할 줄 알다

我**会**开车。 나는 운전할 줄 안다.
Wǒ huì kāi chē.

我**会**说英语。 나는 영어를 할 줄 안다.
Wǒ huì shuō yīngyǔ.

2) 부정형: ~不+会+동사~   ~할 줄 모르다

我**不会**做菜。 나는 요리를 할 줄 모른다.
Wǒ bú huì zuò cài.

他**不会**打网球。 그가 테니스를 칠 줄 모른다.
Tā bú huì dǎ wǎngqiú.

3) 의문형: ~会+동사+吗? / ~会不会+동사~?   ~할 줄 압니까?

你**会**游泳**吗**? 수영할 줄 알아요?
Nǐ huì yóuyǒng ma?

你**会不会**弹钢琴? 피아노를 칠 줄 알아요?
Nǐ huì bu huì tán gāngqín?

* 很会+동사: ~ 잘하다

他**很会**喝酒。 그는 술을 잘한다.
Tā hěn huì hē jiǔ.

我妈妈**很会**做菜。 우리 엄마는 요리를 잘하신다.
Wǒ māma hěn huì zuò cài.

❷ 能

能 ~할 수 있다 어떤 일을 할 수 있는 능력(습득한 구체적인 능력, 선천적인 능력, 회복한 능력)이 있음을 나타낸다.

我**能**说三种语言。 난 3가지 언어를 할 수 있다.
Wǒ néng shuō sān zhǒng yǔyán.

我一次**能**喝两瓶啤酒。 난 한 번에 맥주 2병을 마실 줄 안다.
Wǒ yí cì néng hē liǎng píng píjiǔ.

他牙不疼了，**能**吃东西了。 그는 이가 더 이상 아프지 않아 음식을 먹을 수 있다.
Tā yá bù téng le, néng chī dōngxi le.

* 很能+동사: ~ 많이 하다

他**很能**吃，一次能吃三碗饭。
Tā hěn néng chī, yícì néng chī sān wǎn fàn.

그는 많이 먹는다. 한 번에 밥을 세 그릇이나 먹을 수 있다.

실력 쑥쑥

1) '会'와 '能'의 차이

학습을 통해 어떤 기능을 습득했음을 나타낼 때는 '会'를 쓰고, 능력 습득 후 어떤 수준이나 정도에 도달했음을 나타낼 때는 '能'을 쓴다.

我一分钟能跑300多米。（〇）나는 1분에 300여 미터를 뛸 수 있다.
Wǒ yì fēnzhōng néng pǎo sān bǎi duō mǐ.

我一分钟会跑300多米。（✕）

你现在能听懂中国人的话吗?（〇）넌 지금 중국인의 말을 듣고 이해할 수 있니?
Nǐ xiànzài néng tīngdǒng Zhōngguórén de huà ma?

你现在会听懂中国人的话吗?（✕）

어떤 능력을 회복하게 된 것은 '能'을 쓴다.

我腿好了，现在能走路了。（〇）나는 다리가 다 나아서 지금 걸을 수 있게 되었다.
Wǒ tuǐ hǎo le, xiànzài néng zǒu lù le.

我腿好了，现在会走路了。（✕）

2) '会'의 다른 용법

'会'는 '~할 것이다'의 뜻으로 추측의 의미도 나타낸다. 문장 끝에 '的'를 자주 동반한다.

放心，他会同意的。 걱정하지 마세요, 그가 동의할 거예요.
Fàngxīn, tā huì tóngyì de.

A: **他会不会忘了?** 그가 잊어버린 것이 아닌가요?
　　Tā huì bu huì wàng le?

B: **我觉得他不会忘的。** 그가 잊을 리 없다고 생각해요.
　　Wǒ juéde tā bú huì wàng de.

A: **今天会下雨吗?** 오늘 비가 오겠어요?
　　Jīntiān huì xià yǔ ma?

B: **天阴了，看来会下雨。** 날씨가 흐린 걸 보니 비가 올 거예요.
　　Tiān yīn le, kànlái huì xià yǔ.

연습 톡톡

1 주어진 단어로 교체하면서 말하고, 문장도 적어 보세요.

1) 你会打乒乓球吗？ [做泡菜 / 画画儿 / 唱中国歌]

2) 我不会说法语，你教我吧。 [滑冰 / 打太极拳 / 做瑜伽]

2 틀린 부분을 고쳐 보세요.

1) 我的腿好了，会骑车了。

2) 我一顿会吃两碗饭。

3) 你会看懂这本书吗？

4) 明天不能下雨，我们去爬山吧。

5) 她很会说，一说就是一个多小时。

3 다음 문장을 중국어로 옮겨 보세요.

1) 나는 스키를 탈 줄 아니까 너에게 가르쳐 줄게.
   _____

2) 나는 그림을 그릴 줄 모르니 배우고 싶다.
   _____

3) 걱정하지 마세요. 그가 반드시 올 거예요.
   _____

4) 나는 일 분 동안 100미터 정도 수영할 수 있다.
   _____

5) 네가 중국요리를 아주 잘한다고 들었는데 정말이니?
   _____

어휘
泡菜 pàocài 김치　滑冰 huábīng 스케이트를 타다　太极拳 tàijíquán 태극권　瑜伽 yújiā 요가　腿 tuǐ 다리
滑雪 huáxuě 스키를 타다　游 yóu 수영하다　中国菜 zhōngguócài 중국 요리

2. 가능의 표현 '能'

어떠한 일을 수행할 수 있는 가능성을 나타낼 때는 동사 앞에 조동사 '能'을 사용합니다. 그리고 부정형식을 특히 많이 사용합니다. 예를 들면 "시간이 없어서 참가할 수가 없다."라는 말을 중국어로 하면 "我没时间, 不能参加(Wǒ méi shíjiān, bù néng cānjiā)"입니다. 이제 '能'의 주요 용법을 살펴 볼까요?

기초 탄탄

1 긍정형

~能+동사+~   ~할 수 있다

六点以前能到。 6시 전에 도착할 수 있다.
Liù diǎn yǐqián néng dào.

明天的聚会我能参加。 내일 모임에 나는 참가할 수 있다.
Míngtiān de jùhuì wǒ néng cānjiā.

2 부정형

~不能+동사+~   ~할 수 없다

明天我有事儿，不能去。 내일 나는 일이 있어서 갈 수 없다.
Míngtiān wǒ yǒu shìr, bù néng qù.

他病了，今天不能来上课了。 그가 아파서 오늘 수업을 하러 올 수 없게 되었다.
Tā bìng le, jīntiān bù néng lái shàngkè le.

3 의문형

~能+동사+~吗? / 能不能+동사+~?   ~할 수 있습니까?

这次同学会你能来吗? 이번 동창모임에 네가 올 수 있니?
Zhè cì tóngxuéhuì nǐ néng lái ma?

你能不能给他打个电话? 네가 그에게 전화를 해줄 수 있니?
Nǐ néng bu néng gěi tā dǎ ge diànhuà?

실력 쑥쑥

* '能'의 다른 용법

❶ 구체적인 어느 수준의 능력이나 회복되는 능력

他很能喝酒，一次能喝三瓶烧酒。 그는 술을 잘해서 한 번에 소주 3병을 마실 수 있다.
Tā hěn néng hē jiǔ, yí cì néng hē sān píng shāojiǔ.

他嗓子好了，能说话了。 그의 목이 나아져서 말을 할 수 있게 되었다.
Tā sǎngzi hǎo le, néng shuōhuà le.

❷ 어떤 일에 대한 '허가, 허락'을 나타낸다

请问，这儿能抽烟吗? 실례지만 여기에서 담배를 피울 수 있어요?
Qǐngwèn, zhèr néng chōuyān ma?

对不起，这里不能拍照。 죄송하지만 여기에서는 사진을 찍을 수 없습니다.
Duì bu qǐ, zhèli bù néng pāi zhào.

연습 톡톡

1 주어진 단어로 교체하면서 말하고, 문장도 적어 보세요.

1) 我能帮助你。[参加会议 / 开车去 / 理解你]

2) 他得了感冒，不能去上课了。[去上班 / 去看电影 / 参加运动会]

2 올바른 순서로 배열하여 문장을 만들어 보세요.

1) 能 这 活动 个 参加 你 吗

2) 一分钟 多 打 我 字 能 一百 个

3) 见 明天 你 有 事 不 我 能 去 了

4) 没有 书 学生证 不 借 你 能

5) 住院 他 了 来 会议 不 参加 了 能

3 다음 문장을 중국어로 옮겨 보세요.

1) 오늘 밤 9시 전에 집에 돌아올 수 있습니까?
   _____

2) 이 요리들은 다 매운데 먹을 수 있습니까?
   _____

3) 그가 아파서 회사에 근무하러 갈 수 없다.
   _____

4) 나는 특히 커피를 좋아해서 하루에 5잔이나 마실 수 있다.
   _____

5) 마스크를 쓰지 않으면 지하철을 탈 수 없다.
   _____

어휘 理解 lǐjiě 이해(하다)   活动 huódòng 행사, 활동(하다)   学生证 xuéshengzhèng 학생증   住院 zhùyuàn 입원하다
辣 là 맵다   上班 shàngbān 근무하다   口罩 kǒuzhào 마스크   戴 dài 쓰다, 착용하다

3. 허가의 표현 '可以'

요즈음 중국에서도 공공장소에서는 금연하는 곳이 많습니다. 만약 담배를 피우고 싶다면 먼저 "这儿可以吸烟吗?(Zhèr kěyǐ xīyān ma?)"라고 물어보고 허락을 받아야 합니다. 여기서 '可以'는 '~해도 되다'라는 허가의 의미를 나타냅니다.

기초 탄탄

① 긍정형

~可以+동사+~   ~해도 되다

你可以用我的电脑。 너는 내 컴퓨터를 사용해도 된다.
Nǐ kěyǐ yòng wǒ de diànnǎo.

你可以提意见。 넌 의견을 제시해도 돼.
Nǐ kěyǐ tí yìjiàn.

② 부정형

주로 '不能'을 사용하며 때로는 '不可以'도 가능.   ~하면 안 되다

这儿不能吸烟。 여기에서 담배를 피우면 안 된다.
Zhèr bù néng xīyān.

上课不可以玩手机。 수업 중에 핸드폰으로 놀면 안 된다.
Shàngkè bù kěyǐ wán shǒujī.

③ 의문형

~可以+동사+~吗? / 可(以)不可以+동사+~?   ~해도 됩니까?

这本书我可以看看吗? 이 책을 제가 한번 봐도 되겠습니까?
Zhè běn shū wǒ kěyǐ kànkan ma?

你可以借我一点儿钱吗? 저에게 돈을 좀 빌려줄 수 있나요?
Nǐ kěyǐ jiè wǒ yì diǎnr qián ma?

我可(以)不可以试一下儿? 제가 좀 해 봐도 되나요?
Wǒ kě(yi) bu kěyi shì yìxiàr?

실력 쑥쑥

1 단독 술어

'可以'는 단독으로 술어가 될 수 있다.

他我出去一下，可以吗? 제가 잠깐 나갔다 와도 될까요?
Wǒ chūqu yíxià, kěyǐ ma?

我接个电话，可以吗? 제가 전화를 받아도 되나요?
Wǒ jiē ge diànhuà, kěyǐ ma?

2 부정 대답

구어에서 부정으로 대답할 때 '不行'이라고도 할 수 있다.

A: 我可以用一下你的相机吗? 내가 너의 카메라를 좀 써도 되겠니?
　 Wǒ kěyǐ yòng yíxià nǐ de xiàngjī ma?

B: 不行，我自己要用。 안 돼. 내가 써야 해.
　 Bù xíng, wǒ zìjǐ yào yòng.

3 가능의 의미

'可以'는 또한 가능을 나타내며 '~할 수 있다'는 의미로도 사용한다.

他病好了，可以来上班了。 그는 병이 다 나아서 근무하러 올 수 있게 되었다.
Tā bìng hǎo le, kěyǐ lái shàngbān le.

放假了，我可以去旅行了。 방학해서 나는 여행을 갈 수 있게 되었다.
Fàngjià le, wǒ kěyǐ qù lǚxíng le.

연습 톡톡

1 주어진 단어로 교체하면서 말하고, 문장도 적어 보세요.

1) 你可以用我的笔。[去问别人 / 回家休息 / 骑我的车]

   _____

2) 我可以用一下你的照相机吗?

   [看一下-你的书 / 试一下-这件衣服 / 尝一下-这个菜]

   _____

2 '会, 能, 可以' 중 하나를 선택하여 빈칸을 채우고 문장도 적어 보세요.

1) 我___给你介绍工作。

   _____

2) 餐厅里边不___抽烟。

   _____

3) 我___打高尔夫球，___教你。

   _____

4) 我一次___吃二十个饺子。

   _____

5) 我有事，今天不___陪你去逛街了。

   _____

3 다음 문장을 중국어로 옮겨 보세요.

1) 여기에 차를 세워도 됩니까?
   _____

2) 이 신발은 제가 한번 신어봐도 될까요?
   _____

3) 이 영화는 15세 이하 청소년은 보면 안 된다.
   _____

4) 옷이 안 맞으면 상점에 와서 바꿔도 되어요.
   _____

5) 일이 있으면 저에게 전화로 연락해도 되어요.
   _____

어휘

试 shì 시도하다, 시험하다   尝 cháng 맛보다, 체험하다   介绍 jièshào 소개하다   饺子 jiǎozi 교자, 만두
逛街 guàngjiē 거리를 구경하다   停车 tíngchē 차를 세우다   青少年 qīngshàonián 청소년   合适 héshì 알맞다
联系 liánxì 연락하다

4. 소망의 표현 '想, 要'

개개인의 소망은 모두 다르지요. 새해가 되면 하고 싶은 일들도 많고 하려고 계획하는 일들도 많이 있을 것이라 생각합니다. 그러면 '~하고 싶다, ~하려고 하다'라는 의미를 나타내는 소망 조동사 '想, 要'의 용법을 같이 알아볼까요?

기초 탄탄

1 想

想: ~하고 싶다, ~할 생각이다. 소망과 계획을 나타낸다

1) 긍정형: ~想+동사~ ~하고 싶다

我想见她。 나는 그녀를 만나고 싶다.
Wǒ xiǎng jiàn tā.

我想吃麻辣烫。 난 마라탕을 먹고 싶어.
Wǒ xiǎng chī Málàtàng.

2) 부정형: 不想+동사~ ~하고 싶지 않다

我不想学习。 나는 공부를 하고 싶지 않다.
Wǒ bù xiǎng xuéxí.

他不想参加。 그는 참가하고 싶어하지 않는다.
Tā bù xiǎng cānjiā.

3) 의문형: 想+동사~吗? / 想不想+동사~ ~하고 싶습니까?

你想去中国工作吗? 너는 중국에 가서 일하고 싶니?
Nǐ xiǎng qù Zhōngguó gōngzuò ma?

你想不想吃火锅? 당신은 훠궈를 먹고 싶어요?
Nǐ xiǎng bu xiǎng chī huǒguō?

❷ 要

要: ~하려고 하다, ~하겠다. 어떤 일을 하고자 하는 의지를 나타낸다

1) 긍정형: ~要+동사~ ~하려고 하다

> 我**要**去医院看病。 나는 진찰을 받으러 병원에 가려고 한다.
> Wǒ yào qù yīyuàn kànbìng.
>
> 这个假期我**要**参加志愿活动。 이번 방학에 나는 봉사활동에 참가하려고 한다.
> Zhè ge jiàqī wǒ yào cānjiā zhìyuàn huódòng.

2) 부정형: 不想+동사~ ~하고 싶지 않다

> 我要喝茶，我**不想**喝咖啡。 나는 차를 마시려고 하지 커피를 마시고 싶지는 않다.
> Wǒ yào hē chá, wǒ bù xiǎng hē kāfēi.
>
> 我要一个人生活，我**不想**结婚。 난 혼자 살려고 하지 결혼을 하고 싶지는 않아.
> Wǒ yào yí ge rén shēnghuó, wǒ bù xiǎng jiéhūn.

3) 의문형: 要+동사~吗? / 要不要+동사~ ~하려고 합니까?

> A: 你**要**考研究生**吗**? 넌 대학원에 진학하려고 하니?
>   Nǐ yào kǎo yǎnjiūshēng ma?
>
> B: 我不想考。 저는 진학하고 싶지 않아요.
>   Wǒ bù xiǎng kǎo.
>
> A: 你**要不要**见他一面? 넌 그를 한번 만나려고 하니?
>   Nǐ yào bu yào jiàn tā yí miàn?
>
> B: 我不想见他。 난 그를 만나고 싶지 않아.
>   Wǒ bù xiǎng jiàn tā.

* '要'의 부정 형식은 '不想'을 사용한다. '不要'는 '别'와 같은 뜻으로 금지의 의미를 나타낸다.

> 你**不要**乱说。 Nǐ bú yào luàn shuō. 함부로 말하지 마.
>
> 你**别**乱说。 Nǐ bié luàn shuō. 함부로 말하지 마.
>
> 你**不要**说谎。 Nǐ bú yào shuōhuǎng. 거짓말하지 마.
>
> 你**别**说谎。 Nǐ bié shuōhuǎng. 거짓말하지 마.

실력 쑥쑥

1. '想'의 다른 용법

想+명사   ~을/를 그리워하다

我想妈妈。   나는 엄마가 보고 싶다.
Wǒ xiǎng māma.

你想家吗?   넌 집을 그리워하니?
Nǐ xiǎng jiā ma?

2. '要'의 다른 용법

1) 要+명사   ~이 필요하다

A: **你要什么?**   무엇이 필요하니?
Nǐ yào shénme?

B: **我要一杯冰咖啡。**   아이스 커피 한 잔이 필요해.
Wǒ yào yì bēi bīng kāfēi.

A: **开车去要多长时间?**   운전해서 가면 시간이 얼마나 필요해요?
Kāichē qù yào duō cháng shíjiān?

B: **要二十多分钟。**   20여 분이 필요해요.
Yào èrshí duō fēnzhōng.

2) 要+동사   ~해야 한다. 부정 형식은 '不用'이다

韩国人去中国要办签证。   한국인이 중국에 가려면 비자를 준비해야 한다.
Hánguórén qù Zhōngguó yào bàn qiānzhèng.

A: **去那儿要换地铁吗?**   거기에 가려면 지하철을 갈아타야 하나요?
Qù nàr yào huàn dìtiě ma?

B: **去那儿很方便,不用换地铁。**   거기에 가는 건 편리해서 갈아탈 필요가 없어.
Qù nàr hěn fāngbiàn, bú yòng huàn dìtiě.

❸ '要'와 '想'의 구별

'要'는 이미 결정된 상황에서 사용하며 강한 의지를 표현하고, '想'은 아직 결정하지 않고 생각만 하고 있는 상황에서 사용하며 약한 의지를 표현한다. 그리고 '要' 앞에는 '一定'이 자주 오고 '想' 앞에는 '很, 非常, 特别' 등이 온다.

毕业以后，我想去留学。 졸업한 후에 나는 유학을 가고 싶다.
Bìyè yǐhou, wǒ xiǎng qù liúxué.

毕业以后，我要去留学。 졸업한 후에 나는 유학을 가려고 한다.
Bìyè yǐhou, wǒ yào qù liúxué.

我一定要成功。 난 반드시 성공하겠다.
Wǒ yídìng yào chénggōng.

我特别想吃烤肉。 난 특별히 불고기를 먹고 싶다.
Wǒ tèbié xiǎng chī kǎoròu.

연습 톡톡

1 주어진 단어로 교체하면서 말하고, 문장도 적어 보세요.

1) 我想在家休息。[去做头发 / 出去玩儿 / 跟男朋友约会]
　_____

2) 我今天不想做饭。[做作业 / 做家务 / 点外卖]
　_____

3) 我要预订餐厅。[准备行李 / 去出差 / 办银行卡]
　_____

4) 你想做什么?[去哪儿玩儿 / 点什么菜 / 报考哪个大学]
　_____

2 올바른 순서로 배열하여 문장을 만들어 보세요

1) 非常　学　我　去　汉语　想　中
　_____

2) 实话　你　跟　我　说　一定　要
　_____

3) 今天　不　在　做饭　我　想　家　吃
　_____

4) 交往　跟　男孩　你　想　吗　那　个
　_____

5) 要　你　这次　不　参加　比赛　要
　_____

3 다음 문장을 중국어로 옮겨 보세요.

1) 어느 나라에 여행가고 싶으세요?
   _____

2) 나는 여름방학에 수영 레슨을 신청하려고 한다.
   _____

3) 많은 젊은이들이 혼자 살고 싶어한다.
   _____

4) 내일은 제가 시간이 없어요. 시험을 준비해야 해서요.
   _____

5) 박물관에 가서 참관할 때 표를 살 필요가 없다.
   _____

어휘

头发 tóufa 머리(카락)   约会 yuēhuì 만날 약속(을 하다)   家务 jiāwù 집안일   外卖 wàimài 음식 배달   预订 yùdìng 예약(하다)   出差 chūchāi 출장하다   银行卡 yínhángkǎ 은행카드   实话 shíhuà 진실한 말   游泳班 yóuyǒng bān 수영 레슨   年轻人 niánqīng rén 젊은이   博物馆 bówùguǎn 박물관   参观 cānguān 참관하다

5. 의무·당위의 표현 '得, 应该'

일이 있어서 모임에서 먼저 일어나야 할 경우 중국어로 어떻게 표현할까요? 이 때는 "我有事, 得走了(Wǒ yǒu shì, děi zǒu le)"라고 하면 됩니다. 중국어에서는 당위 조동사 '得, 应该'를 사용해서 '~해야 한다'라는 의미를 나타냅니다.

기초 탄탄

1 得

得: ~하지 않으면 안 된다, 할 수 없이 ~해야 한다   객관적인 필요성이나 의무를 나타낸다

1) 긍정형: ~得+동사~   ~하지 않으면 안 된다

他的病有点儿严重，得住院。 그의 병이 조금 심각해서 입원해야 한다.
Tā de bìng yǒudiǎnr yánzhòng, děi zhùyuàn.

家里有事，我得早点儿回家。 집에 일이 있어서 나는 조금 일찍 집에 가야 한다.
Jiāli yǒu shì, wǒ děi zǎo diǎnr huí jiā.

2) 의문형: ~得+동사~吗?   ~해야 합니까?

A: **小孩子也得买门票吗?** 아이도 입장권을 사야 하나요?
Xiǎoháizi yě děi mǎi ménpiào ma?

B: **不，小孩子不用买门票。** 아니요. 아이는 입장권을 살 필요가 없어요.
Bù, xiǎoháizi búyòng mǎi ménpiào.

A: **明天得交报告吗?** 리포트를 내일 제출해야 하나요?
Míngtiān děi jiāo bàogào ma?

B: **明天不必交，后天交。** 내일 제출할 필요 없고 모레 제출해요.
Míngtián bú bì jiāo, hòutiān jiāo.

* 得의 부정 형식은 '不用, 不必'를 사용한다.

② 应该

应该: '~해야 한다'라는 뜻으로 당연히 해야 하는 상식적인 통념, 도리상의 의무를 나타낸다

1) 긍정형: ~应该+동사~ 마땅히 ~해야 하다

> 学生**应该**认真上课。 학생은 성실하게 수업에 임해야 한다.
> Xuésheng yīnggāi rènzhēn shàng kè.

> 朋友之间**应该**互相帮助。 친구끼리는 서로 도와줘야 한다.
> Péngyou zhījiān yīnggāi hùxiāng bāngzhù.

2) 부정형: ~不应该+동사~ ~하면 안 되다

> 你**不应该**乱扔垃圾。 너는 쓰레기를 함부로 버리면 안 된다.
> Nǐ bù yīnggāi luàn rēng lājī.

> 你**不应该**去问别人的隐私。 남의 사생활을 물어보면 안 된다.
> Nǐ bù yīnggāi qù wèn biérén de yǐnsī.

* 입말에서는 주로 '该'를 사용한다. 부정은 '不该'를 사용한다.

> 对不起，我该走了。 미안해요. 가야겠어요.
> Duìbuqǐ, wǒ gāi zǒu le.

> 孩子还小，你**不该**打他。 아이가 아직 어리니 그를 때리면 안 된다.
> Háizi hái xiǎo, nǐ bù gāi dǎ tā.

실력 쑥쑥

1 '应该, 该'의 다른 용법

'应该, 该'는 상식 수준에서 당연히 그러할 것이라는 추측을 나타낸다. 부정은 '不应该, 不该'를 사용한다.

星期六路上**应该**不会堵车。 토요일은 길에서 차가 막히지 않을 것이다.
Xīngqīliù lùshang yīnggāi bú huì dǔ chē.

你今年**该**大学毕业了吧？ 넌 올해 대학을 졸업했겠지?
Nǐ jīnnián gāi dàxué bìyè le ba?

你是韩国人，**不应该**怕吃辣的。 너는 한국인이니 매운 것 먹는 것을 두려워하지 않겠지.
Nǐ shì Hánguórén, bù yīnggāi pà chī là de.

2 '得'의 다른 용법

1) '得+명사'의 형식을 사용하여 '필요하다'라는 뜻을 나타낸다.

A: 买一套西装**得**多少钱？ 양복 한 벌을 사려면 얼마나 필요해요?
Mǎi yí tào xīzhuāng děi duōshao qián.

B: 大概**得**五千块钱。 대략 5천 위안이 필요해요.
Dàgài děi wǔ qiān kuài qián.

A: 从北京到上海坐高铁**得**多长时间？
Cóng běijīng dào shànghǎi zuò gāotiě děi duō cháng shíjiān?
베이징에서 상하이까지 고속열차를 타면 시간이 얼마나 걸려요?

B: **得**五个小时左右。 5시간 정도 걸려요.
Děi wǔ ge xiǎoshí zuǒyòu.

2) '得' 앞에 주로 '一定'이나 '必须'를 더하며, 강한 의무를 나타낸다.

你身体不好，**一定**得戒烟。 네가 몸이 안 좋으니 담배를 끊어야 해.
Nǐ shēntǐ bù hǎo, yídìng děi jièyān.

雾霾严重，出门**必须**得戴口罩。 스모그가 심해서 외출할 때 반드시 마스크를 써야 한다.
Wùmái yánzhòng, chūmén bìxū děi dài kǒuzhào.

연습 톡톡

1 주어진 단어로 교체하면서 말하고, 문장도 적어 보세요.

1) 我们应该每天锻炼身体。[少喝酒 / 帮助别人 / 孝敬父母]

2) 现在疫情很严重，我们得注意防护。[经常洗手 / 少出门 / 保持社交距离]

2 틀린 부분을 고쳐 보세요.

1) 你应该不浪费水。

2) 病不太严重，不得住院。

3) 坐高铁去应该三个小时。

4) 他还是个孩子，不得这样骂他。

5) 一米以下的儿童不得买票。

3 다음 문장을 중국어로 옮겨 보세요.

1) 열이 많이 나니 병원에 가 봐야 한다.
   _____

2) 말해 봐요, 내가 이 문제를 어떻게 처리해야 하죠?
   _____

3) 내가 당신 옆에 있으니까 당신은 걱정할 필요가 없어요.
   _____

4) 밖에 나가다 오면 반드시 손을 깨끗이 씻어야 한다.
   _____

5) 자녀로서 당연히 부모님에게 효도를 해야 한다.
   _____

어휘
孝敬 xiàojìng 웃어른을 잘 섬기고 공경하다   疫情 yìqíng 전염병 발생 상황   严重 yánzhòng 심각하다   防护 fánghù 방호하다   保持 bǎochí 유지하다   社交距离 shèjiāo jùlí 사회적 거리   浪费 làngfèi 낭비하다   高烧 gāoshāo 고열   处理 chǔlǐ 처리하다   干净 gānjìng 깨끗하다   子女 zǐnǚ 자녀   父母 fùmǔ 부모

8

시태의 표현

1. 가까운 미래의 표현
    '要+동사~了'
2. 진행의 표현
    '在/正/正在+동사'
3. 지속의 표현 '동사+着'
4. 완료의 표현 '동사+了'
5. 경험의 표현 '동사+过'

1. 가까운 미래의 표현 '要+동사~了'

친구와 함께 영화를 보러 갈 때 "빨리 가자. 영화가 곧 시작될 거야."라고 재촉을 많이 합니다. 중국어로는 "快走, 电影要开演了(Kuài zǒu, diànyǐng yào kāiyǎn le.)"로 표현합니다. 이렇게 동작이나 상황이 곧 발생할 것임을 나타낼 때는 동사 앞에 '要'를 쓰고 문장 끝에 '了'를 써서 표현합니다. 그럼 이제 이와 관련된 구체적인 용법을 한번 살펴볼까요?

기초 탄탄

① 要~了

주어+要+동사+목적어+了   곧 ~할 것이다

天要下雨了。 비가 곧 올 것이다.
Tiān yào xià yǔ le.

我们要毕业了。 우리는 곧 졸업할 것이다.
Wǒmen yào bìyè le.

② 快/就要~了

앞에 부사 '快, 就'를 사용하면 어떤 동작이나 상태가 아주 가까운 시간 안에 곧 발생할 것임을 나타낸다.

快跑, 车快要开了。 빨리 뛰어. 차가 곧 떠날 거야.
Kuài pǎo, chē kuài yào kāi le.

学校快要放假了。 학교는 곧 방학할 것이다.
Xuéxiào kuài yào fàng jià le.

他明天就要回国了。 그가 내일 곧 귀국할 것이다.
Tā míngtiān jiù yào huíguó le.

小王下个月就要结婚了。 소왕이 다음 달에 곧 결혼할 것이다.
Xiǎo wáng xià gè yuè jiù yào jiéhūn le.

③ 快(要)~了

'快要~了'는 '要'를 생략해도 사용할 수 있다.

冬天**快**到了。 겨울이 곧 올 것이다.
Dōngtiān kuài dào le.

天**快**黑了，我们回家吧。 날이 곧 어두워질 것이니 집에 가자.
Tiān kuài hēi le, wǒmen huí jiā ba.

手机**快**没电了，我充一下电。 핸드폰 배터리가 곧 방전되려고 하니 충전 좀 할게요.
Shǒujī kuài méi diàn le, wǒ chōng yíxià diàn.

실력 쑥쑥

① '就要~了' vs '快要~了'

'就要~了' 앞에는 시간사나 시간부사를 쓸 수 있지만 '快要~了' 앞에는 쓸 수 없다.

电影八点**就要**开演了。（〇） 영화는 8시에 곧 상영될 것이다.
Diànyǐng bā diǎn jiùyào kāiyǎn le.

电影八点快要开演了。（✕）

他明年**就要**高中毕业了。（〇） 그는 내년에 곧 고등학교를 졸업할 것이다.
Tā míngnián jiù yào gāozhōng bìyè le.

他明年快要高中毕业了。（✕）

我们马上**就要**登机了。（〇） 우리는 곧 탑승할 것이다.
Wǒmen mǎshang jiù yào dēngjī le.

我们马上快要登机了。（✕）

❷ 将, 将要

서면어에서 가까운 미래를 표현할 때 주로 '将, 将要'를 많이 쓰고 문장 끝에 '了'를 사용하지 않는다.

今年将有7百万学生参加高考。 올해 7백만 명의 학생이 대학 입시에 참가할 것이다.
Jīnnián jiāng yǒu qī bǎi wàn xuésheng cānjiā Gāokǎo.

韩国总统下个月将要去中国访问。 한국 대통령이 다음 달에 중국을 방문할 것이다.
Hánguó zǒngtǒng xià ge yuè jiāng yào qù Zhōngguó fǎngwèn.

연습 톡톡

1 주어진 단어로 교체하면서 말하고, 문장도 적어 보세요.

1) 电影快要结束了。[会议-开始 / 学校-放假 / 飞机-起飞]

   _____

2) 他下个月就要搬家了。[明年-大学毕业 / 下周-出国 / 明天-面试]

   _____

2 올바른 순서로 배열하여 문장을 만들어 보세요

1) 半小时   他们   出发   过   就要   了

   _____

2) 火车   快   了   进站   要   吧   站台   去

   _____

3) 了   期末考试   我   得   快   复习

   _____

4) 代表团   中国   来   将   访问   韩国

   _____

5) 马上   足球   了   比赛   就要   结束

   _____

3 다음 문장을 중국어로 옮겨 보세요.

1) 빨리 들어가자. 콘서트가 곧 시작될 거야.
   _____

2) 날씨가 흐려져서 비가 곧 올 것 같아.
   _____

3) 내 남자 친구가 다음 달에 곧 군대에 갈 것이다.
   _____

4) 곧 방학이니 어디에 여행하러 갈 생각이에요?
   _____

5) 장 교수님은 다음 달에 있는 국제학술대회에 참가할 예정이다.
   _____

어휘
结束 jiéshù 끝나다   起飞 qǐfēi 이륙하다   搬家 bānjiā 이사하다, 이전하다   期末考试 qīmò kǎoshì 학기말 시험
代表团 dàibiǎotuán 대표단   访问 fǎngwèn 방문(하다)   足球 zúqiú 축구   演唱会 yǎnchànghuì 콘서트
阴 yīn 흐리다   参军 cānjūn 입대하다   学术大会 xuéshù dàhuì 학술대회

2. 진행의 표현 '在/正/正在+동사'

"너 지금 무엇을 하고 있니?"라는 말은 중국어로 하면 "你在干什么呢?(Nǐ zài gàn shénme ne?)"입니다. 이와 같이 중국어에서 동작의 진행을 나타내려면 술어동사 앞에는 '正, 在, 正在'를 붙입니다. 문장 끝에는 어기조사 '呢'를 같이 쓸 때도 있습니다.

기초 탄탄

1 在

주어+在+동사+목적어+(呢) ~하고 있다

他们在开会呢。 그들은 회의하고 있다.
Tāmen zài kāi huì ne.

他们在踢足球呢。 그들은 축구하고 있다.
Tāmen zài tī zúqiú ne.

2 正

주어+正+동사+목적어+(呢) ~하고 있다

我去的时候，他正吃饭呢。 내가 갔을 때 그는 밥을 먹고 있었다.
Wǒ qù de shíhou, tā zhèng chī fàn ne.

他正学习呢，你别打扰他。 그가 공부하고 있으니 그를 방해하지 말아라.
Tā zhèng xuéxí ne, nǐ bié dǎrǎo tā.

3 正在

주어+正在+동사+목적어+(呢) ~하고 있다

学生们正在考试呢。 학생들은 시험을 보고 있다.
Xuéshengmen zhèngzài kǎoshì ne.

这几天商场正在大减价呢。 요 며칠 상점에서 대바겐세일을 하고 있다.
Zhè jǐ tiān shāngchǎng zhèngzài dà jiǎnjià ne.

4 부정형

주어+没(有)+(在)+동사+목적어+(呢) ~하고 있지 않다

A: 你在看电视吗? 텔레비전을 보고 있나요?
　　Nǐ zài kàn diànshì ma?

B: 我没(在)看电视，我看书呢。 TV를 보지 않고 책을 보고 있어요.
　　Wǒ méi(zài) kàn diànshì, wǒ kàn shū ne.

A: 他正在睡觉吗? 그는 잠을 자고 있니?
　　Tā zhèngzài shuìjiào ma?

B: 他没睡觉，他在玩游戏呢。 잠을 자지 않고 게임을 하고 있어.
　　Tā méi shuìjiào, tā zài wán yóuxì ne.

'正, 在, 正在'를 사용할 때 각각 의미의 초점이 다르다

在+동사: 아직 동작이 진행 중에 있음을 강조한다.
正+동사: 진행 시점을 강조하며 '때마침, 바로 그때'라는 의미를 드러낸다.
正在+동사: 동작이 진행 중에 있음과 동시에 진행되는 시점 또한 강조한다.

* '一直, 总是, 每天, 还' 등은 '在'와 함께 사용할 수 있지만 '正在, 正'와 같이 사용할 수 없다.

他一直在等你呢。（○） 그가 계속 너를 기다리고 있다.
Tā yìzhí zài děng nǐ ne.

他一直正在 / 正等你呢。（×）

他没起床，还在睡觉呢。（○） 그가 일어나지 않고 아직 자고 있다.
Tā méi qǐchuáng, hái zài shuìjiào ne.

他没起床，还正在 / 正睡觉呢。（×）

这一个星期每天都在下雨。（○） 이번 주에 매일 비가 오고 있다.
Zhè yí ge xīngqī měitiān dōu zài xià yǔ.

这一个星期每天都正在 / 正下雨。（×）

실력 쑥쑥

1. 어기조사 '呢'

어기조사 '呢'는 '正在, 正, 在'와 같이 사용하여 진행을 나타낼 수도 있고, 단독으로 사용하여 어떤 동작이 진행되고 있음을 표현할 수도 있다.

别进去，里边开会呢。 들어가지 마세요. 안에서 회의를 하고 있어요.
Bié jìnqu, lǐbian kāihuì ne.

你等一等，他洗澡呢。 좀 기다려요. 그가 목욕하고 있어요.
Nǐ děng yi děng, tā xǐzǎo ne.

2. 동작의 진행의 여러 상황

동작의 진행은 현재뿐만 아니라 과거나 미래의 상황에서도 쓸 수 있다.

现在我正在上课呢。 지금 나는 수업하고 있다.
Xiànzài wǒ zhèngzài shàngkè ne.

昨天这个时候，我正在看电影呢。 어제 이맘때 나는 영화를 보고 있었다.
Zuótiān zhè ge shíhou, wǒ zhèngzài kàn diànyǐng ne.

明天这个时候，我可能正在打工呢。 내일 이맘때 나는 아르바이트를 하고 있을 것이다.
Míngtiān zhè ge shíhou, wǒ kěnéng zhèngzài dǎgōng ne.

③ '在'의 용법 정리

1) 在+장소: ~에 있다 (동사)

　　他在洗手间。 그가 화장실에 있다.
　　Tā zài xǐshǒujiān.

2) 在+장소+동사: ~에서 (전치사)

　　他在公司工作。 그가 회사에서 일한다.
　　Tā zài gōngsī gōngzuò.

3) 在+동사+呢: ~하고 있다 (부사)

　　他在写报告呢。 그가 리포트를 쓰고 있다.
　　Tā zài xiě bàogào ne.

4) 在+장소+동사+~呢: ~에서 ~하고 있다

　　他在图书馆学习呢。 그가 도서관에서 공부하고 있다.
　　Tā zài túshūguǎn xuéxí ne.

연습 톡톡

1 주어진 단어로 교체하면서 말하고, 문장도 적어 보세요.

1) 他们正在听老师讲课呢。[打羽毛球 / 视频聊天 / 等汽车]
   _____

2) 我去的时候，他正吃饭呢。[看电视新闻 / 做作业 / 收拾行李]
   _____

2 틀린 부분을 고쳐 보세요.

1) 他还正在睡觉呢。
   _____

2) 我总是正想一个问题。
   _____

3) 学生们没正在上课。
   _____

4) 他在在家打扫房间呢。
   _____

5) 一上午她一直正在做家务。
   _____

3 다음 문장을 중국어로 옮겨 보세요.

1) 그는 비행기 탑승 수속을 하고 있다.
　_____

2) 그들은 쉬지 않고 문제를 토론하고 있다.
　_____

3) 내가 집에 도착했을 때 엄마가 식사를 하고 계셨다.
　_____

4) 내일 이맘때 내가 아마 온라인 수업을 하고 있을 것이다.
　_____

5) 어제 내가 그의 기숙사를 찾아 갔을 때 그가 게임을 하고 있었다.
　_____

어휘　讲课 jiǎngkè 강의하다　羽毛球 yǔmáoqiú 배드민턴　视频聊天 shìpín liáotiān 영상통화　新闻 xīnwén 뉴스　打扫 dǎsǎo 청소하다　一直 yìzhí 줄곧　登机 dēngjī 비행기 탑승　办手续 bàn shǒuxù 수속을 하다　讨论 tǎolùn 토론하다　网课 wǎngkè 온라인 수업　游戏 yóuxì 게임

3. 지속의 표현 '동사+着'

우리는 친구 집에 가면 그의 집이 어떤지 묘사를 많이 하죠? 예를 들면 "벽에 그림 하나가 걸려 있다."와 같은 말은 "墙上挂着一幅画.(Qiángshang guàzhe yì fú huà.)"로 하면 됩니다. 이처럼 동사 뒤에 '着'를 붙여서 어떤 상태가 지속되고 있음을 나타냅니다.

기초 탄탄

1 긍정형

주어+동사+着+목적어 ~어/아 있다

教室的门关着。 교실 문이 닫혀 있다.
Jiàoshì de mén guānzhe.

我带着伞。 나는 우산을 가지고 있다.
Wǒ dàizhe sǎn.

桌子上放着一台电脑。 탁자 위에 컴퓨터 한 대가 놓여 있다.
Zhuōzi shang fàngzhe yì tái diànnǎo.

她穿着一条红色的裙子。 그녀가 빨간색 치마를 입고 있다.
Tā chuānzhe yì tiáo hóngsè de qúnzi.

2 부정형

주어+没(有)+동사+着+목적어

门没开着。 문이 열려 있지 않다.
Mén méi kāizhe.

包里没放着书。 가방에 책이 들어 있지 않다.
Bāoli méi fàngzhe shū.

手机里没存着他的号码。 핸드폰에 그의 번호가 저장되어 있지 않다.
Shǒujīli méi cúnzhe tā de hàomǎ.

3 의문형

주어+동사+着+목적어+吗? / 주어+동사+着+목적어+没有?

家里的窗户关着吗? 집의 창문이 닫혀 있나요?
Jiāli de chuānghu guānzhe ma?

你带着钱包没有? 지갑을 가지고 있어요?
Nǐ dàizhe qiánbāo méiyou?

※ 진행 중인 동작은 흔히 지속하고 있기 때문에 '着'는 동작의 진행을 나타내는 부사 '正'와 같이 쓰는 경우가 많다.

他正跟朋友说着话呢。 그가 친구와 이야기를 나누고 있다.
Tā zhèng gēn péngyou shuōzhe huà ne.

外边正下着雨呢, 一会儿再走吧。 밖에 비가 오고 있으니 좀 있다가 가거라.
Wàibian zhèng xiàzhe yǔ ne, yíhuìr zài zǒu ba.

실력 쑥쑥

1 '着'의 다른 용법

1) ~동사₁+着+(목적어)+동사₂~   ~하면서 ~하다
동사₁이 동사₂의 동작을 진행하는 상태, 방식을 나타낸다.

我喜欢喝着茶听音乐。 난 차를 마시면서 음악 듣는 것을 좋아한다.
Wǒ xǐhuan hēzhe chá tīng yīnyuè.

他常常躺着看手机。 그가 자주 누워서 핸드폰을 본다.
Tā chángchang tǎngzhe kàn shǒujī.

2) ~동사₁+着+동사₁+着~동사₂~
'동사₁하다가 자신도 모르는 사이에 동사₂하다'라는 의미를 나타낸다.

她看着看着就哭了。 그녀가 보다가 울음이 터졌다.
Tā kànzhe kànzhe jiù kū le.

他走着走着就摔倒了。 그가 걷다가 넘어졌다.
Tā zǒuzhe zǒuzhe jiù shuāidǎo le.

❷ 주의점

1) '着'는 동사 바로 뒤에 와야 한다.

她正洗着澡呢。(○) 그녀가 목욕하고 있다.
Tā zhèng xǐzhe zǎo ne.

她正洗澡着呢。(✕)

她们正开心地聊着天呢。(○) 그녀들은 즐겁게 이야기를 나누고 있다.
Tāmen zhèng kāixīn de liáozhe tiān ne.

她们正开心地聊天着呢。(✕)

2) 동작이나 상태의 지속을 나타내지 못하는 동사는 '着'와 같이 쓸 수 없다. 예를 들면 '来, 去, 懂, 死, 离开, 知道, 出发, 认识' 등이 있다.

연습 톡톡

1 주어진 단어로 교체하면서 말하고, 문장도 적어 보세요.

1) 墙上挂着几张照片。
   [衣柜里-挂-很多衣服 / 书包里-装-很多书 / 手机里-存-很多电话号码]

2) 电视机开着没有? [护照-带 / 房间的灯-亮 / 手机-关]

3) 孩子们正玩着游戏呢。[学生们-上课 / 两人-打球 / 他们-讨论问题]

4) 他喜欢躺着看电视。[笑-说话 / 坐-看报 / 开车-听音乐]

2 틀린 부분을 고쳐 보세요.

1) 他办公室的门不开着。

2) 桌子上一个花瓶放着。

3) 我的手提包里放很多东西。

4) 别出去了，外边正下雪着呢。

5) 张老师站给学生们上课呢。

3 다음 문장을 중국어로 옮겨 보세요.

1) 건물 앞에 자동차 여러 대가 주차해 있다.
   _____

2) 가이드가 웃으면서 관광객들에게 관광지를 소개하고 있다.
   _____

3) 방에 불이 켜져 있는 걸 보니 그가 아직 자지 않고 있다.
   _____

4) 나의 집이 학교에서 가까워서 날마다 걸어서 집에 간다.
   _____

5) 내가 집에 도착했을 때 아버지께서 마침 누워서 TV를 보고 계셨다.
   _____

어휘
衣柜 yīguì 옷장　　装 zhuāng 담다, 채워 넣다　　开 kāi 켜다, 열다　　灯 dēng 등　　亮 liàng 비추다, 빛을 내다
讨论 tǎolùn 토론(하다)　　躺 tǎng 옆으로 눕다　　手提包 shǒutíbāo 핸드백　　导游 dǎoyóu 가이드　　游客 yóukè 관광객
景点 jǐngdiǎn 관광지　　躺 tǎng 가로눕다

4. 완료의 표현 '동사+了'

중국인들은 만나면 "你吃饭了吗?(Nǐ chīfàn le ma?) 식사하셨어요?" 이렇게 인사를 많이 하죠? '了'는 동작의 완료 또는 실현, 혹은 사건, 상황의 변화 또는 발생을 나타냅니다. 보통 동사 뒤에 출현하는 경우는 '了$_1$'이라 하고 문장 끝에 출현하는 경우는 '了$_2$'라고 합니다.

기초 탄탄

① 긍정형

동사+목적어+了

他换工作了。 그가 직장을 바꿨다.
Tā huàn gōngzuò le.

我买票了。 나는 표를 샀다.
Wǒ mǎi piào le.

② 부정형

동사+没(有)+목적어

我没吃早饭。 나는 아침을 안 먹었다.
Wǒ méi chī zǎofàn.

他今天没来上班。 그가 오늘 출근하지 않았다.
Tā jīntiān méi lái shàngbān.

③ 의문형

동사+목적어+了+吗? / 동사+목적어+了+没有? / 有没有+동사+목적어?

他起床了吗? 그가 일어났니?
Tā qǐchuáng le ma?

你昨晚喝酒了没有？ 넌 어제 술을 마셨니?
Nǐ zuówǎn hē jiǔ le méiyou?

你有没有告诉他？ 넌 그에게 알려줬니?
Nǐ yǒu méiyou gàosu tā?

주의점

동사 바로 뒤에 '了₁'를 사용하여 동작의 완료를 나타낸다.

1) 목적어 앞에 지시대체사나 수량사 등의 성분이 있으면 '了'는 바로 동사 뒤에 위치해야 한다.

我买了一件衣服。 나는 옷을 한 벌 샀다.
Wǒ mǎile yí jiàn yīfu.

他发了一条短信。 그가 메시지 한 통을 보냈다.
Tā fāle yì tiáo duǎnxìn.

2) 목적어 앞에 수식 성분이 긴 경우 '了'는 동사 바로 뒤에 위치해야 한다.

老师答应了学生们的要求。 선생님은 학생들의 요구사항을 들어주셨다.
Lǎoshī dāyìngle xuéshengmen de yāoqiú.

我们参观了中国最大的博物馆。 우리는 중국 최대의 박물관을 참관했다.
Wǒmen cānguānle Zhōngguó zuì dà de bówùguǎn.

3) 앞의 동작이 끝나고 뒤에 다른 동작이 이어질 때 '了'는 동사 바로 뒤에 위치해야 한다.

我下了课就回家。 나는 수업을 마치고 귀가한다.
Wǒ xiàle kè jiù huí jiā.

我们看了电影，然后去咖啡馆喝了咖啡。
Wǒmen kànle diànyǐng, ránhou qù kāfēiguǎn hēle kāfēi. 우리는 영화를 본 다음에 카페에 가서 커피를 마셨다.

실력 쑥쑥

1. '了₁'를 사용할 수 없는 경우

1) 동사 앞에 '每天, 常常, 经常, 一直, 总是' 등이 있어 습관적, 주기적 동작을 나타낼 때

以前我们几个常常见面了。(X)

以前我们几个常常见面。(O) 전에 우리 몇 명은 자주 만났다.
Yǐqián wǒmen jǐ ge chángcháng jiànmiàn.

上高中的时候我每周都去踢球了。(X)

上高中的时候我每周都去踢球。(O) 고등학교를 다녔을 때 나는 매주 축구를 하러 갔었다.
Shàng gāozhōng de shíhou wǒ měi zhōu dōu qù tī zúqiú.

2) 동사 뒤에 동사(구)나 절이 목적어로 출현할 경우

他已经决定了去中国留学。(X)

他已经决定去中国留学。(O) 그는 이미 중국에 유학 가기로 결정했다.
Tā yǐjing juédìng qù Zhōngguó liúxué.

我希望了以后能再见到你。(X)

我希望以后能再见到你。(O) 나는 나중에 다시 너를 만날 수 있기를 희망한다.
Wǒ xīwàng yǐhou néng zài jiàndào ni.

朋友告诉了我这家餐厅很不错。(X)

朋友告诉我这家餐厅很不错。(O) 친구가 이 식당이 괜찮다고 알려줬다.
Péngyou gàosu wǒ zhè jiā cāntīng hěn búcuò.

❷ '了₂'의 용법

문장 끝에 '了₂'를 사용하여 사건이나 상황의 변화 또는 발생을 나타낸다.

1) '了₂'는 동사(구)뿐만 아니라 형용사나 명사와도 결합할 수 있다.

> 他今年六十了。 그가 60살이 되었다.
> Tā jīnnián liùshí le.
>
> 天气冷了。 날씨가 추워졌다.
> Tiānqì lěng le.
>
> 春天到了，花开了。 봄이 왔고, 꽃이 피었다.
> Chūntiān dào le, huā kāi le.

2) '不~了' 구조로 변화의 의미를 나타낸다.

> 现在他不工作了。 현재 그가 직장을 그만두었다.
> Xiànzài tā bù gōngzuò le.
>
> 今天我身体不舒服，不去了。 오늘 난 몸이 아파서 가지 않기로 했다.
> Jīntiān wǒ shēntǐ bù shūfu, bú qù le.

3) '要, 就要, 快(要)' 등과 같이 곧 발생할 것임을 나타낸다.

> 天要黑了。 날이 곧 어두워질 것이다.
> Tiān yào hēi le.
>
> 车快要开了。 차가 곧 떠날 것이다.
> Chē kuài yào kāi le.
>
> 明天就要比赛了。 내일 곧 시합을 할 것이다.
> Míngtiān jiùyào bǐsài le.

연습 톡톡

1 주어진 단어로 교체하면서 말하고, 문장도 적어 보세요.

1) 我去看病了。[去超市买菜 / 去图书馆借书 / 去朋友家玩]

2) 我吃了一个面包。[看-一场棒球比赛 / 写-一篇报告 / 翻译-一本小说]

3) 昨天我没跟朋友喝酒。[去学校上课 / 跟同学见面 / 去餐厅吃饭]

4) 你吃晚饭了没有?[订酒店 / 买车票 / 看新闻]

2 틀린 부분을 고쳐 보세요.

1) 我上周六晚上没看电影了。

2) 昨天我去商场买一双运动鞋了。

3) 去年我每天去健身房运动了。

4) 明天我下班就去你家找你了。

5) 小时候我们经常去河边玩了。

3 다음 문장을 중국어로 옮겨 보세요.

1) 나는 지난 주말에 공원에 가서 놀았다.
_____

2) 제 여동생은 아직 중학교를 졸업하지 않았다.
_____

3) 방학하고 나서 나는 커피숍에 가서 아르바이트를 할 생각이다.
_____

4) 나는 어제 친구와 함께 야구 시합을 보았다.
_____

5) 감기약 먹었어요? 몸이 좀 나아졌어요?
_____

어휘   图书馆 túshūguǎn 도서관   翻译 fānyì 번역하다, 통역하다   商场 shāngchǎng 상가, 백화점   健身房 jiànshēnfáng 체육관   河边 hébiān 강변, 강가   毕业 bìyè 졸업하다   咖啡馆 kāfēi guǎn 커피숍   打工 dǎgōng 아르바이트하다   感冒药 gǎnmào yào 감기약

5. 경험의 표현 '동사+过'

"你爱过我吗?(Nǐ àiguo wǒ ma?)"와 같은 말은 드라마나 영화 속에서 자주 나오는 대사이죠. 동사 뒤에 '过'를 붙이면 어떤 동작이 과거에 발생하였음을 표현하고, 또한 어떠한 경험이 있었음을 강조합니다.

기초 탄탄

1 긍정형

~동사+过~   ~한 적이 있다

我以前学过汉语。 나는 전에 중국어를 배운 적이 있다.
Wǒ yǐqián xuéguo Hànyǔ.

我喝过中国酒。 나는 중국 술을 마셔본 적이 있다.
Wǒ hēguo Zhōngguó jiǔ.

2 부정형

~没(有)+동사+过~   ~한 적이 없다

我没吃过北京烤鸭。 나는 북경 오리구이를 먹어본 적이 없다.
Wǒ hái méiguo Běijīng kǎoyā.

我还没去过上海。 나는 아직 상하이에 가본 적이 없다.
Wǒ hái méi qùguo Shànghǎi.

3 의문형

~한 적이 있습니까?

1) ~동사+过~吗 / 没有?

你用过手机支付吗? 넌 모바일 결제를 이용한 적이 있니?
Nǐ yòngguo shǒujī zhīfù ma?

你看过音乐剧没有? 넌 뮤지컬을 본 적이 있니?
Nǐ kànguo yīnyuèjù méiyou?

2) ~동사+没+동사+过~

你说没说过这样的话? 넌 이런 말을 한 적이 있어 없어?
Nǐ shuō méi shuōguo zhèyàng de huà?

你看没看过这部电影? 이 영화를 본 적이 있어요 없어요?
Nǐ kàn méi kànguo zhè bu diànyǐng?

실력 쑥쑥

1) '过'는 동사 뒤에 사용되어 동작이 완료되었음 또한 나타낼 수 있다.

你吃吧，我已经吃过饭了。 먹어요. 난 이미 밥 먹었어요.
Nǐ chī ba, wǒ yǐjīng chīguo fàn le.

我刷过牙了，水果就不吃了。 저는 이를 닦아서 과일은 안 먹을게요.
Wǒ shuāguo yá le, shuǐguǒ jiù bù chī le.

2) '过'는 반드시 동사 뒤에 위치하며, 연동문에서는 일반적으로 두 번째 동사 뒤에 위치한다.

我去过欧洲旅行。(✗)

我去欧洲旅行过。(○) 나는 유럽에 가서 여행한 적이 있다.
Wǒ qù Ōuzhōu lǚxíngguo.

我来过这儿喝咖啡。(✗)

我来这儿喝过咖啡。(○) 나는 여기에 와서 커피를 마셔본 적이 있다.
Wǒ lái zhèr hēguo kāfēi.

3) 인지동사나 반복이 불가능한 순간동사 뒤에 '过'를 붙일 수 없다. 예를 들면 '知道, 忘记, 明白, 认识, 懂, 毕业, 放学, 出发' 등이 있다.

연습 톡톡

1 주어진 단어로 교체하면서 말하고, 문장도 적어 보세요.

1) 我参观过故宫。[看-京剧 / 写-小说 / 住-医院]
　_____

2) 我没看过这本书。[吃-日本料理 / 说-假话 / 玩-这个游戏]
　_____

3) 你去过法国没有? [包-饺子 / 做-泡菜 / 学-太极拳]
　_____

4) 我已经吃过晚饭了。[洗脸 / 刷牙 / 打电话]
　_____

2 틀린 부분을 고쳐 보세요.

1) 我不吃过麻辣烫。
　_____

2) 他去过四川旅游。
　_____

3) 你喝过青岛啤酒不?
　_____

4) 我知道他以前离婚过。
　_____

5) 上大学的时候我们就认识过。
　_____

3 다음 문장을 중국어로 옮겨 보세요.

1) 지금까지 나는 술에 취해 본 적이 없다.
   _____

2) 나는 혼자서 해외에 여행해 본 적이 있다.
   _____

3) 한국의 유명한 삼계탕을 먹어본 적이 있습니까?
   _____

4) 전에 당신은 무슨 나쁜 일을 한 적이 있습니까?
   _____

5) 나는 이 카페 디저트를 한 번 먹어봤다.
   _____

어휘
参观 cānguān 견학하다, 참관하다   故宫 gùgōng 고궁(자금성)   京剧 jīngjù 경극   料理 liàolǐ 요리   假话 jiǎhuà 거짓말
洗脸 xǐliǎn 세수하다, 세면하다   刷牙 shuāyá 양치질하다, 이를 닦다   麻辣烫 Málàtàng 마라탕   喝醉 hēzuì 술에 취하다
国外 guówài 해외   参鸡汤 Shēnjītāng 삼계탕   坏事(儿) huàishì(r) 나쁜 일   甜点 tiándiǎn 디저트

9

비교의 표현

1. '比'를 사용한 비교
   '〜보다〜'
2. '有'를 사용한 비교
   '〜만큼〜'
3. '跟〜一样'을 사용한 비교
   '〜와 같다'

1. '比'를 사용한 비교 '~보다~'

"나는 그녀보다 나이가 많다"라는 문장은 중국어로 "我比她大(Wǒ bǐ tā dà)"입니다. 이와 같이 일상생활에서는 비교하는 말을 많이 사용합니다. 중국어에서는 전치사를 사용하여 사람 혹은 사물의 성질이나 상태 간에 차이가 있음을 나타냅니다. 그러면 '比'를 사용한 비교문을 자세히 살펴볼까요?

기초 탄탄

❶ 긍정형

A+比B+형용사/동사구   A는 B보다~

今天比昨天凉快。 오늘은 어제보다 시원하다.
Jīntiān bǐ zuótiān liánkuài.

今年的高考比去年难。 올해 대학 입학시험은 작년보다 어렵다.
Jīnnián de gāokǎo bǐ qùnián nán.

我比他更喜欢棒球。 나는 그 사람보다 야구를 더 좋아한다.
Wǒ bǐ tā gèng xǐhuan bàngqiú.

他比我更想去中国。 그가 나보다 중국에 더 가고 싶어한다.
Tā bǐ wǒ gèng xiǎng qù Zhōngguó.

❷ 比B의 위치

동사가 정태보어를 동반하는 경우 '比B'의 위치는 보어 앞 혹은 동사 앞에 다 올 수 있다.

他比我来得早。 그가 나보다 더 일찍 왔다.
Tā bǐ wǒ lái de zǎo.

他说汉语说得比我好。 그가 중국어를 나보다 더 잘한다.
Tā shuō Hànyǔ shuō de bǐ wǒ hǎo.

③ 비교 차이를 나타내는 경우

1) 큰 차이: A+比B+형용사+得多/多了

现在的房价比前几年贵多了。 지금 집값은 몇 년 전보다 훨씬 비싸다.
Xiànzài de fángjià bǐ qián jǐ nián guì duō le.

网上的东西比商场的便宜得多。 인터넷의 물건은 상점보다 훨씬 저렴하다.
Wǎngshang de dōngxi bǐ shāngchǎng de piányi de duō.

2) 약간의 차이: A+比B+형용사+一点/一些

这双凉鞋比那双大一点。 이 샌들은 그 샌들보다 좀 크다.
Zhè shuāng liángxié bǐ nà shuāng dà yìdiǎnr.

这次考试比上次容易一些。 이번 시험은 지난번보다 조금 쉽다.
Zhè cì kǎoshì bǐ shàng cì róngyì yìxiē.

3) 구체적인 차이: A+比B+형용사+수량사

我比妹妹大两岁。 나는 여동생보다 2살 더 많다.
Wǒ bǐ mèimei dà liǎng suì.

今天的气温比昨天高五度。 오늘 기온은 어제보다 5도가 더 높다.
Jīntiān de qìwēn bǐ zuótiān gāo wǔ dù.

④ 부정형

1) 일반적으로 '没有'를 사용하여 비교 주체가 비교 기준보다 못함을 나타낸다.

我没有你那么细心。 난 너만큼 세심하지 않아.
Wǒ méiyou nǐ nàme xìxīn.

这件事没有那件事重要。 이 일은 그 일만큼 중요하지 않다.
Zhè jiàn shì méiyou nà jiàn shì zhòngyào.

2) 부정으로 '不比'도 사용하는데 비교 주체와 비교 기준이 비슷하다는 의미를 나타낸다. 따라서 '比'구문의 내용에 동의하지 않거나 반박하는 뜻으로 주로 사용된다.

他的条件不比我好。 그의 여건이 나보다 좋지 않다.
Tā de tiáojiàn bù bǐ wǒ hǎo.

上海的房子不比首尔便宜。 상하이의 집은 서울보다 싸지 않다.
Shànghǎi de fángzi bù bǐ shǒu'ěr piányi.

실력 쑥쑥

1. '比'구문을 사용할 때 주의점

'比'구문에서 서술어 앞에 '更, 还'와 같은 부사는 술어 앞에 올 수 있지만 한국어와는 달리 '매우, 대단히, 가장, 약간'의 의미를 가지는 '很, 非常, 最, 极, 有点儿'과 같은 정도부사를 쓸 수 없다.

他比我更辛苦。 그가 나보다 더 힘들다.
Tā bǐ wǒ gèng xīnkǔ.

健康比金钱更重要。 건강은 돈보다 더 중요하다.
Jiànkāng bǐ jīnqián gèng zhòngyào.

昨天热，今天比昨天还热。 어제 더웠는데 오늘은 어제보다 더 덥다.
Zuótiān rè, jīntiān bǐ zuótiān hái rè.

这款手机比那款很便宜。(X)
这款手机比那款便宜得多 / 多了。(O) 이 모델의 핸드폰은 저 모델보다 훨씬 저렴하다.
Zhè kuǎn shǒujī bǐ nà kuǎn piányi de duō/duō le.

我比他有点儿高。(X)
我比他高一点儿。(O) 나는 그 사람보다 키가 조금 크다.
Wǒ bǐ tā gāo yìdiǎnr.

② 한국어와의 차이

한국어에서는 나이가 '많다, 적다', 키가 '크다, 작다'라고 하는 반면에 중국어에서는 나이가 '大(크다), 小(작다)', 키가 '高(높다), 矮(작다)'라고 한다.

他比我大。 그는 나보다 나이가 많다.
Tā bǐ wǒ dà.

我比他小。 나는 그 사람보다 나이가 어리다.
Wǒ bǐ tā xiǎo.

她比我高。 그녀는 나보다 키가 크다.
Tā bǐ wǒ gāo.

我比她矮。 나는 그녀보다 키가 작다.
Wǒ bǐ tā ǎi.

연습 톡톡

1 주어진 단어로 교체하면서 말하고, 문장도 적어 보세요.

1) 这儿的天气比那儿好。[东西-便宜 / 环境-安静 / 交通-方便]

2) 今年冬天比去年冷多了。[东西-以前-贵 / 这次成绩-上次-差 / 坐地铁-坐公交车-快]

3) 他比我聪明多了。[能干 / 幽默 / 坚强]

4) 这件毛衣比那件大一点儿。

   [这条裙子-那条-长 / 这个房间-那个-干净 / 这本书-那本-厚]

2 틀린 부분을 고쳐 보세요.

1) 他的考试成绩比上次不好。

2) 他比他太太三岁大。

3) 这台电脑比那台很贵。

4) 晚上比白天有点儿冷。

5) 有了手机，生活比以前方便极了。

3 다음 문장을 중국어로 옮겨 보세요.

1) 나는 그 사람보다 너를 더 좋아한다.
   _____

2) 남자친구는 저보다 5살이 더 많아요.
   _____

3) 그녀는 예전보다 훨씬 젊다.
   _____

4) 이 모자는 저 모자보다 약간 비싸요.
   _____

5) 돈도 중요하지만 건강은 돈보다 더 중요하다.
   _____

어휘
安静 ānjìng 조용하다   **公交车** gōngjiāochē 버스   **能干** nénggàn 유능하다   **幽默** yōumò 유머(humor)
坚强 jiānqiáng 굳세다, 꿋꿋하다   **厚** hòu 두껍다   **帽子** màozi 모자   **健康** jiànkāng 건강

2. '有'를 사용한 비교 '~만큼~'

중국어에서 '有'를 사용하여 어떤 사람이나 사물이 유사함을 나타낼 수 있습니다. 예를 들면 "내가 당신만큼 똑똑하지 못하다"라는 말은 중국어로 하면 "我没有你聪明(wǒ méiyou nǐ cōngming)"입니다. 이와 같이 주로 부정형식을 많이 사용합니다.

기초 탄탄

① 긍정형

A+有+B+这么 / 那么+형용사/동사구   A가 B만큼 ~하다

我孩子有你这么高。 내 아이는 너만큼 키가 크다.
Wǒ háizi yǒu nǐ zhème gāo.

今天有昨天那么暖和。 오늘은 어제만큼 따뜻하다.
Jīntiān yǒu zuótiān nàme nuǎnhuo.

② 부정형

A+没有+B+这么 / 那么+형용사 / 동사구   A가 B만큼 ~하지 않다

我没有他那么能干。 나는 그 사람만큼 능력이 많지 않다.
Wǒ méiyou tā nàme nénggàn.

我的汉语没有你这么好。 나는 중국어를 너만큼 잘하지 못한다.
Wǒ de Hànyǔ méiyou nǐ zhème hǎo.

我网球没有他打得好。 나는 테니스를 그 사람만큼 잘하지 못한다.
Wǒ wǎngqiú méiyou tā dǎ de hǎo.

③ 의문형

A+有+B+这么 / 那么+형용사 / 동사구+吗?   A가 B만큼 ~합니까?

他的成绩有你这么好吗? 그의 성적은 너만큼 좋니?
Tā de chéngjì yǒu nǐ zhème hǎo ma?

你有她那么会做菜吗? 넌 그녀만큼 요리를 잘하니?
Nǐ yǒu tā nàme huì zuò cài ma?

실력 쑥쑥

1. 서술어로 쓰이는 형용사

'有'를 사용하는 비교문에서 서술어는 일반적으로 적극적이고 좋은 뜻을 갖고 있는 형용사를 주로 사용한다.

这张照片没有那张清楚。 이 사진은 저 사진만큼 깨끗하지 못하다.
Zhè zhāng zhàopiàn méiyou nà zhāng qīngchu.

我英语说得没有他那么流利。 난 영어를 그 사람만큼 유창하게 잘하지 못한다.
Wǒ yīngyǔ shuō de méiyou tā nàme liúlì.

我跑得没有你慢。(X)

我跑得没有你快。(〇) 난 너만큼 빨리 달리지 못해.
Wǒ pǎo de méiyou nǐ kuài.

2. 정태보어 동반 시 '(没)有B'의 위치

동사가 정태보어를 동반하는 경우, '(没)有B'의 위치는 보어 앞 혹은 동사 앞에 다 올 수 있다.

你有她唱得那么好吗? 넌 그녀만큼 노래를 잘 부르니?
Nǐ yǒu tā chàng de nàme hǎo ma?

我画得没有你好。 나는 너만큼 잘 그리지 못해.
Wǒ huà de méiyou nǐ hǎo

연습 톡톡

1 주어진 단어로 교체하면서 말하고, 문장도 적어 보세요.

1) 她有你这么可爱吗? [漂亮 / 出色 / 会说话]

___

2) 我的条件没有他好。[兴趣-多 / 工资-高 / 能力-强]

___

2 올바른 순서로 배열하여 문장을 만들어 보세요.

1) 生活　没有　以前　我　轻松　的　那么

___

2) 学历　我　的　高　你　没有

___

3) 喝　我　这么　你　爱　没有　酒

___

4) 乒乓球　打　没有　我　打　得　好　他

___

5) 那儿　物价　这儿　你们　便宜　吗　有　的　这么

___

3 다음 문장을 중국어로 옮겨 보세요.

1) 나의 중국어 수준은 너만큼 높지 않다.
   _____

2) 당신은 그 사람만큼 그렇게 노력합니까?
   _____

3) 나의 주량은 너만큼 세지 않다.
   _____

4) 나는 노래를 너만큼 잘 부르지 못한다.
   _____

5) 당신은 그 사람만큼 게임하는 것을 좋아합니까?
   _____

어휘 可爱 kě'ài 사랑스럽다, 귀엽다　出色 chūsè 훌륭하다　轻松 qīngsōng 수월하다, 가뿐하다　学历 xuélì 학력
物价 wùjià 물가

3. '跟~一样'을 사용한 비교 '~와 같다'

"내 생각은 당신과 같다"라는 말은 중국어로 하면 "我的想法跟你一样(Wǒ de xiǎngfǎ gēn nǐ yíyàng)"입니다. 중국어에서 '跟~一样'을 사용해서 사람이나 사물이 서로 동일함을 나타냅니다. 그럼 여기서 이런 동등비교문을 자세히 살펴볼까요?

기초 탄탄

1 긍정형

A+跟+B+一样   A는 B와 같다

她的年龄跟我一样。 그녀의 나이는 나와 같다.
Tā de niánlíng gēn wǒ yíyàng.

你的平板电脑跟我的一样。 너의 아이패드는 내 것과 같다.
Nǐ de píngbǎn diànnǎo gēn wǒ de yíyàng.

这件衣服的颜色跟那件一样。 이 옷의 색깔은 저 옷과 같다.
Zhè jiàn yīfu de yánsè gēn nà jiàn yíyàng.

2 부정형

A+跟+B+不一样   A는 B와 같지 않다

他的性格跟我不一样。 그의 성격은 나와 같지 않다.
Tā de xìnggé gēn wǒ bù yíyàng.

我的意见跟你不一样。 나의 의견은 너와 같지 않다.
Wǒ de yìjiàn gēn nǐ bù yíyàng.

他的生活习惯跟我不一样。 그의 생활습관은 나와 같지 않다.
Tā de shēnghuó xíguàn gēn wò bù yíyàng.

3 형식확장

A+跟+B+一样+형용사/동사구   A는 B와 똑같이~

他跟我一样胖。 그는 나와 똑같이 뚱뚱하다.
Tā gēn wǒ yíyàng pàng.

这次活动跟上次一样有意思。 이번 활동은 지난 번과 동일하게 재미있다.
Zhè cì huódòng gēn shàngcì yíyàng yǒuyìsi.

我跟你一样爱看视频。 난 너처럼 동영상 보는 것을 좋아해.
Wǒ gēn nǐ yíyàng ài kàn shìpín.

실력 쑥쑥

1) 跟~差不多: ~와 비슷하다

北京的气候跟首尔差不多。 베이징 날씨는 서울과 비슷하다.
Běijīng de qìhòu gēn Shǒu'ěr chàbuduō.

韩国人的长相跟中国人差不多。 한국인의 생김새는 중국인과 비슷하다.
Hánguórén de zhǎngxiàng gēn Zhōngguórén chàbuduō.

2) 그 외에 부사 '更(더욱), 最(가장, 최고)'를 사용하여 비교의 의미를 나타낼 수 있다.

这里的环境更舒适。 여기의 환경은 더 쾌적하다.
Zhèlǐ de huánjìng gèng shūshì.

坐地铁去更方便。 지하철을 타고 가는 것이 더 편리하다.
Zuò dìtiě qù gèng fāngbiàn.

我最爱吃生鱼片。 난 회 먹는 것을 가장 좋아해.
Wǒ zuì ài chī shēngyúpiàn.

我们班他的学习成绩最好。 우리반에서 그의 학습성적은 가장 좋다.
Wǒmen bān tā de xuéxí chéngjì zuì hǎo.

3) 심리동사의 목적어를 비교할 경우, '跟~相比, 跟~比起来'를 써서 비교 기준을 앞에 먼저 제시한다.

跟牛肉相比，我更喜欢吃猪肉。 쇠고기와 비교하면 나는 돼지고기를 더 즐겨 먹는다.
Gēn niúròu xiāngbǐ, wǒ gèng xǐhuan chī zhūròu.

跟北京相比，我更愿意去上海工作。 베이징과 비교하면 난 상하이에 가서 일하는 것을 더 원해.
Gēn Běijīng xiāngbǐ, wǒ gèng yuànyì qù Shànghǎi gōngzuò.

연습 톡톡

1 주어진 단어로 교체하면서 말하고, 문장도 적어 보세요.

1) 我穿的皮鞋跟他的一样。[用的照相机 / 背的旅行包 / 戴的帽子]

   _____

2) 我跟你一样喜欢旅行。[看画展 / 学外语 / 打网球]

   _____

2 올바른 순서로 배열하여 문장을 만들어 보세요.

1) 用法 这 词 个 跟 个 那 一样 不 的

   _____

2) 相比 跟 电影 我 喜欢 电视剧 更 看

   _____

3) 裤子 那 这 条 长 一样 跟 条

   _____

4) 奶酪 牛奶 一样 跟 营养 有

   _____

5) 戴 手表 我 的 一样 你 跟 的

   _____

3 다음 문장을 중국어로 옮겨 보세요.

1) 올해 대학 수능 시험은 지난해처럼 똑같이 어렵다.
   _____

2) 나는 그와 같이 농구 치는 것을 좋아한다.
   _____

3) 나는 귤보다 사과 먹는 것을 더 좋아한다.
   _____

4) 제가 쓰고 있는 노트북 브랜드는 그 사람의 것과 같습니다.
   _____

5) 한국인들의 생활습관은 중국인과 비슷하다.
   _____

어휘 皮鞋 píxié 가죽 구두　背 bēi (등에) 매다, 짊어지다　旅行包 lǚxíngbāo 여행 가방　戴 dài 착용하다, 쓰다　帽子 màozi 모자　电视剧 diànshìjù 텔레비전 드라마　奶酪 nǎilào 치즈　牛奶 niúnǎi 우유　营养 yíngyǎng 영양　篮球 lánqiú 농구　橘子 júzi 귤　牌子 páizi 브랜드　生活习惯 shēnghuó xíguàn 생활습관

10

강조의 표현

1. '连~都/也'를 사용한 강조문
2. '是~的'구문을 사용한 강조문
3. 기타 강조문

1. '连~都/也'를 사용한 강조문

우리는 늘 "주말에도 일해야 한다"와 같이 말해 자신이 무척 바쁘다는 것을 강조하죠? 중국어에서는 "连周末也要工作(Lián zhōumò yě yào gōngzuò)"라고 합니다. 이와 같이 '连~都/也'를 사용해서 '~조차도, ~마저도'라는 뜻을 나타냅니다. 그럼 이와 같은 유용한 표현을 배워 볼까요?

기초 탄탄

① 주어 강조

连+주어+都/也+술어

连小孩子**都**会。 아이조차도 할 줄 안다.
Lián xiǎoháizi dōu huì.

连老师**也**参加了。 선생님까지도 참가하셨다.
Lián lǎoshī yě cānjiā le.

② 목적어 강조

주어+连+목적어+都/也+술어~

我**连**一样东西**都**没买。 난 물건 하나도 사지 않았어.
Wǒ lián yí yàng dōngxi dōu méi mǎi.

他**连**短信**也**没给我发。 그가 메시지도 보내주지 않았다.
Tā lián duǎnxìn yě méi gěi wǒ fā.

③ 술어 강조

주어+连+술어+都/也+不/没~

我**连**想**都**没想过。 나는 생각조차 하지 않았다.
Wǒ lián xiǎng dōu méi xiǎngguo.

我**连**动**都**不想动。 난 전혀 움직이고 싶지 않다.
Wǒ lián dòng dōu bù xiǎng dòng.

4 부사어 강조

주어+连+부사어+都/也+술어

我们连周末都要上班。 우리는 주말조차도 출근해야 한다.
Wǒmen lián zhōumò dōu yào shàngbān.

他连春节也要加班。 그는 설날조차도 추가근무해야 한다.
Tā lián Chūnjié yě yào jiābān.

＊ '连~都/也'구조는 술어 뒤에 놓여 정태보어로도 쓰인다

他忙得连饭都忘了吃了。 그는 바빠서 밥을 먹는 것조차 잊어버렸다.
Tā máng de lián fàn dōu wàngle chī le.

他困得连眼睛都睁不开了。 그는 졸려서 눈조차 뜰 수 없었다.
Tā kùn de lián yǎnjing dōu zhēng bu kāi le.

실력 쑥쑥

'连~都/也'구문에서 连을 생략해서 '一~都/也' 형식으로도 많이 쓰인다. 그 외에 '一点儿都/也'와 같은 강조표현도 쓸 수 있다.

1 一~都/也

一~都/也 한 ~도 없다/하지 않다

一个人也没有。 한 사람도 없다.
Yí ge rén yě méiyou.

一次也没去过。 한 번도 가본 적이 없다.
Yí cì yě méi qùguo.

一句话也没说。 한 마디도 하지 않았다.
Yí jù huà yě méi shuō.

❷ 一点儿都/也~

一点儿都/也~   전혀, 하나도

一点儿都不累。 전혀 피곤하지 않다.
Yìdiǎnr dōu bú lèi.

一点儿都不难。 하나도 어렵지 않다.
Yìdiǎnr dōu bù nán.

一点儿都不喜欢。 전혀 좋아하지 않다.
Yìdiǎnr dōu bù xǐhuan.

연습 톡톡

1 주어진 단어로 교체하면서 말하고, 문장도 적어 보세요.

1) 他连电视都没时间看。[信-写 / 作业-做 / 朋友-见]
   _____

2) 我连头都没洗就出门了。[招呼-打-走 / 电视-关-睡 / 早饭-吃-上学]
   _____

3) 一本书都没买。[一杯酒-喝 / 一篇报告-写 / 一分钱-花]
   _____

4) 一点儿也不冷。[简单 / 困 / 饿]
   _____

2 틀린 부분을 고쳐 보세요.

1) 我孩子连一个汉字不认识。
   _____

2) 这个秘密连父母不知道。
   _____

3) 我在这儿没有一个朋友。
   _____

4) 他连看都不我就走过去了。
   _____

5) 他连一口都没有喝茶就走了。
   _____

3 다음 문장을 중국어로 옮겨 보세요.

1) 나는 그녀의 전화번호조차도 모른다.
   _____

2) 그는 피곤해서 밥조차도 먹고 싶어하지 않는다.
   _____

3) 그의 노래는 아이까지도 부르기를 좋아하다.
   _____

4) 가장 친한 친구조차도 그의 곁을 떠났다.
   _____

5) 그는 오늘 늦게 일어나서 머리도 안 감고 등교했다.
   _____

어휘 招呼 zhāohu 인사하다, 부르다　报告 bàogào 리포트　一分钱 yìfēn qián 돈 한 푼　花 huā 쓰다, 소비하다
困 kùn 졸리다, 피곤하다　饿 è 배고프다　累 lèi 피곤하다　要好 yàohǎo 친하다　洗头 xǐtóu 머리를 감다

2. '是~的'구문을 사용한 강조문

친구가 예쁜 옷을 입고 있으면 '이 옷은 어디에서 산 거니?'라고 물어보죠? 중국어에서는 '是~的'라는 강조문을 사용하여 "这衣服是在哪儿买的?(Zhè yīfu shì zài nǎr mǎi de)"와 같이 물어봅니다. 이와 같이 중국어에서는 이미 어떤 동작 또는 행위가 발생한 후 발생한 시간, 장소, 방식, 행위자, 목적 등 구체적인 사항 혹은 정보를 강조할 때 '是~的' 강조문을 사용합니다.

기초 탄탄

1 '是~的' 강조문의 분류

1) 동작의 방식 강조

A: 你是怎么来的? 넌 어떻게 왔니?
Nǐ shì zěnme lái de?

B: 我是坐地铁来的。 난 지하철을 타고 왔어.
Wǒ shì zuò dìtiě lái de.

A: 你是一个人来的吗? 넌 혼자 왔니?
Nǐ shì yí ge rén lái de ma?

B: 我是跟朋友一起来的。 난 친구랑 같이 왔어.
Wǒ shì gēn péngyou yìqǐ lái de.

2) 시간 강조

A: 你是什么时候来韩国的? 넌 언제 한국에 왔니?
Nǐ shì shénme shíhou lái Hánguó de.

B: 我是上个月来韩国的。 난 지난 달에 한국에 왔어.
Wǒ shì shàng ge yuè lái Hánguó de.

3) 장소 강조

A: 你的裙子是在哪儿买的? 네 치마는 어디서 샀니?
Nǐ de qúnzi shì zài nǎr mǎi de?

B: 我的裙子是在网上买的。 내 치마는 인터넷에서 샀어.
Wǒ de qúnzi shì zài wǎngshang mǎi de.

4) 동작의 행위자 강조

A: 这礼物是谁送你的? 이 선물은 누가 준 거니?
Zhè lǐwù shì shéi sòng nǐ de?

B: 是我闺密送我的。 내 절친이 나에게 준 거야.
Shì wǒ guīmì sòng wǒ de.

5) 목적 강조

我是来帮助你的。 나는 너를 도와주러 온 것이다.
Wǒ shì lái bāngzhù nǐ de.

这次我是来出差的。 이번에 나는 출장 온 것이다.
Zhè cì wǒ shì lái chūchāi de.

❷ '是~的' 강조문의 특징

1) 긍정문에서는 '是'를 생략할 수 있지만, 부정문에서는 생략할 수 없다.

我(是)八点出发的。 우리는 8시에 출발했다.
Wǒ (shì) bā diǎn chūfā de.

我不是坐火车来的。 나는 기차를 타고 온 것이 아니다.
Wǒ bú shì zuò huǒchē lái de.

2) 보통 '是'는 강조하는 부분 앞에, '的'는 문장 끝에 위치한다. 다만 일반명사인 목적어는 '的'의 앞 혹은 뒤에 모두 위치할 수 있고 인칭대명사인 목적어는 '的'의 앞에 위치한다.

我是在超市买的水果。= 我是在超市买水果的。 난 마트에서 과일을 샀다.
Wǒ shì zài chāoshì mǎi de shuǐguǒ.　　Wǒ shì zài chāoshì mǎi shuǐguǒ de.

这件事是小张告诉我的。(○) 이 일은 소장이 나에게 알려줬다.
Zhè jiàn shì shì XiǎoZhāng gàosu wǒ de.

这件事是小张告诉的我。(×)

실력 쑥쑥

* 강조구문과 동작의 완료를 나타내는 구문과의 차이

他昨天来了。 그가 어제 왔다.
Tā zuótiān lái le.

他昨天来的。 그는 (다른 때가 아닌) 어제 온 것이다.
Tā zuótiān lái de.

한국어로 번역하면 모두 '그가 어제 왔다'라고 동일해 보이지만 의미상의 강조점이 다르다. 즉 '了' 구문은 '누가 ~했다'라는 사실을 알려주는 단순 서술형이지만, '是~的'구문은 누가 '언제' 왔는지를 강조하며 알려주는 것이다. 후자는 말하는 초점이 시간에 있다.

연습 톡톡

1 주어진 단어로 교체하면서 말하고, 문장도 적어 보세요.

1) 你是什么时候结婚的? [高中毕业 / 开始学汉语 / 认识他]

2) 这鞋是在哪儿买的? [你们-遇到 / 手机-找到 / 这电视剧-拍]

3) 我是坐地铁来的。[走着 / 打的 / 开车]

4) 这张照片是谁拍的? [这本书-写 / 这件事-告诉 / 这礼物-送]

2 틀린 부분을 고쳐 보세요.

1) 你什么时候起床了?

2) 我不一个人看的电影。

3) 我朋友是明天到北京的。

4) 我是留学的时候认识的他。

5) 这部电影在哪儿拍摄了?

3 다음 문장을 중국어로 옮겨 보세요.

1) 어제 밤 몇 시에 집에 돌아왔어요?
_____

2) 너와 남자친구는 어떻게 알게 되었니?
_____

3) 제가 본 책들은 모두 인터넷에서 구입했습니다.
_____

4) 오늘 나는 너와 싸우러 온 것이 아니다.
_____

5) 언제 대학을 졸업했니? 어느 대학교를 졸업했니?
_____

어휘
遇到 yùdào 마주치다　**拍** pāi 촬영하다　**礼物** lǐwù 선물　**起床** qǐchuáng 기상하다　**拍摄** pāishè 촬영하다
吵架 chǎojià 말다툼하다, 싸우다

3. 기타 강조문

"식당에서 어떤 요리를 시킬까요?"라는 질문을 받으면 "아무거나 다 좋아요(点什么都可以 Diǎn shénme dōu kěyǐ)"라고 많이 대답하죠. 여기서 의문대명사 뒤에 '都'를 사용하여 모든 사람이나 사물을 나타냅니다. 즉 이와 같은 구조로 예외가 없는 것을 강조합니다. 중국어에 여러 가지 강조 표현이 있는데 이제 같이 살펴볼까요?

기초 탄탄

1 不是~吗?

不是~吗? ~잖아?
이미 알고 있던 상황과 서로 부합하지 않을 경우에 사용하는 표현으로 긍정의 의미를 강조한다.

你今天不是有约会吗? 너 오늘 약속 있는 것 아니야?
Nǐ jīntiān búshì yǒu yuēhuì ma?

你不是要去门吗? 怎么还没走? 외출한다고 했잖아? 왜 아직 안 갔니?
Nǐ búshì yǎo chūmén ma? Zěnme hái méi zǒu?

2 不~不~

不~不~ ~하지 않으면 안 된다, 반드시 ~해야 한다   상황이 필연적임을 강조한다.

你不这样做不行。 너는 이렇게 하지 않으면 안 된다.
Nǐ bú zhèyàng zuò bú xíng.

明天的聚会你不能不参加。 내일 모임은 네가 참가하지 않으면 안 된다.
Míngtiān de jùhuì nǐ bù néng bù cānjiā.

3 没有~不

没有~不   ~하지 않는 사람(사물)이 없다

他没有一天不运动。 그는 하루도 운동하지 않는 날이 없다.
Tā méiyou yì tiān bú yùndòng.

没有人不喜欢他。 그를 좋아하지 않는 사람이 없다.
Méiyou rén bù xǐhuan tā.

4 没有不~

没有~不   ~하지 않는 것이 없다

他没有不爱吃的东西。 그는 좋아하지 않는 음식이 없다.
Tā méiyou bú ài chī de dōngxi.

没有不能克服的困难。 극복할 수 없는 어려움은 없다.
Méiyou bù néng kèfú de kùnnán.

5 非~不可

非~不可   ~하지 않으면 안 된다   하지 않을 여지가 없음을 강조한다.

这事儿我非完成不可。 이 일은 내가 끝내지 않으면 안 된다.
Zhè shìr wǒ fēi wánchéng bù kě.

我的问题你非回答不可。 내 질문은 네가 대답하지 않으면 안 된다.
Wǒ de wèntí nǐ fēi huídá bù kě.

6 부사 就

就+동사   바로 ~이다, 단지

1) 뒤의 상황이 화자의 예상이나 의도와 같음을 강조

这就是我要的。 이것이 바로 내가 필요로 하는 것이다.
Zhè jiù shì wǒ yào de.

2) 수량이 적음을 강조

我就有一张票。 나는 표 한 장만 있다.
Wǒ jiù yǒu yì zhāng piào.

7 부사 是

是+술어　정말 (강하게 발음함). 진술하는 상황이 확실함을 강조

这次考试是有些难。 이번 시험은 정말 조금 어렵다.
Zhè cì kǎoshì shì yǒuxiē nán.

这件事情他是不知道。 이 일은 그가 정말로 모른다.
Zhè jiàn shìqíng tā shì bù zhīdao.

실력 쑥쑥

의문대명사 뒤에 '也/都'를 사용하여 모든 사람(누구나) 혹은 사물(무엇이든지)을 나타낸다.

我什么都不知道。 나는 아무것도 모른다.
Wǒ shénme dōu bù zhīdao.

谁都希望能健康。 누구든지 건강할 수 있기를 희망한다.
Shéi dōu xīwàng néng jiànkāng.

你点什么菜都可以。 아무 요리나 시켜도 된다.
Nǐ diǎn shénme cài dōu kěyǐ.

今天哪儿都不想去。 오늘은 어디든지 가고 싶지 않다.
Jīntiān nǎr dōu bù xiǎng qù.

你怎么做都没关系。 네가 어떻게 하든 상관없다.
Nǐ zěnme zuò dōu méi guānxi.

연습 톡톡

1 주어진 단어로 교체하면서 말하고, 문장도 적어 보세요.

1) 我什么水果都喜欢吃。[小说-看 / 歌-听 / 运动-做]

2) 这件事你不管不行。[这个活动-参加 / 这个要求-同意 / 这个问题-解决]

2 올바른 순서로 배열하여 문장을 만들어 보세요.

1) 不是 去 跟 同屋 旅行 的 我 一起

2) 买 就 了 我 一 T恤衫 件

3) 父母 不 听 能 不 话 的 你

4) 谁 我 不 话 都 相信 的 以后

5) 没有 不 钱 世界 人 的 上 喜欢

3 다음 문장을 중국어로 옮겨 보세요.

1) 그가 바로 제가 찾고 있는 사람입니다.
   _____

2) 어느 식당에 가서 먹든 다 좋다.
   _____

3) 어제 저녁에 와인 한 잔만 마셨다.
   _____

4) 저랑 같이 가기로 약속했잖아요?
   _____

5) 병이 심해서 입원하지 않으면 안 된다.
   _____

어휘 歌 gē 노래 管 guǎn 관여하다, 통제하다 解决 jiějué 해결하다 T恤衫 tīxùshān 티셔츠 相信 xiāngxìn 믿다
世界 shìjiè 세계 找 zhǎo 찾다 餐厅 cāntīng 식당 红酒 hóngjiǔ 와인 约 yuē 약속하다 厉害 lìhai 심하다
住院 zhùyuàn 입원하다

memo

11

문장의미의 확장

1. 관형어와 그의 표지 '的'
2. 부사어와 그의 표지 '地'
3. 결과보어
4. 방향보어
5. 정태보어
6. 가능보어
7. 수량보어

1. 관형어와 그의 표지 '的'

명사 앞에서 성질, 수량, 소유 등을 나타내는 수식성분을 관형어라고 합니다. 중국어에서는 구조조사 '的'를 사용하여 관형어와 명사를 연결하므로 '的'는 관형어의 표지라고 할 수 있습니다. '的'의 의미는 한국어의 '~의, ~는, ~하는(했던)'의 용법에 해당됩니다. 그러나 관형어가 명사를 수식할 때 '的'를 사용하지 않는 경우도 있으므로 그 용법을 자세히 살펴보도록 합시다.

기초 탄탄

1. '的'를 반드시 사용해야 하는 경우

1) 소유관계를 나타낼 때

这是你的笔记本电脑吗? 이것은 너의 노트북이니?
Zhè shì nǐ de bǐjìběn diànnǎo ma?

他的汽车是新买的。 그의 자동차는 새로 산 것이다.
Tā de qìchē shì xīn mǎi de.

2) 이음절 형용사, 정도부사의 수식을 받는 형용사 혹은 형용사 중첩형이 관형어로 쓰일 때

她是一个很善良的女孩。 그녀는 아주 착한 여자 아이다.
Tā shì yí ge hěn shànliáng de nǚhái.

这是一件非常重要的事情。 이것은 매우 중요한 일이다.
Zhè shì yí jiàn fēicháng zhòngyào de shìqíng.

她大大的眼睛，白白的皮肤，很漂亮。 그녀의 눈이 아주 크고 피부도 하얗고 아주 예뻐요.
Tā dàdà de yǎnjing, báibái de pífū, hěn piàoliang.

3) 동사구(동사)나 주술구가 관형어로 쓰일 때

这是我送你的生日礼物。 이것은 내가 너에게 주는 선물이다.
Zhè shì wǒ sòng nǐ de shēngrì lǐwù.

在首尔居住的中国人越来越多。 서울에서 거주하는 중국인들이 갈수록 많아진다.
Zài Shǒu'ěr jùzhù de Zhōngguórén yuè lái yuè duō.

❷ '的'를 사용하지 않는 경우

1) 명사가 관형어가 되어 중심어의 성질을 묘사할 때

> 他是汉语老师。 그는 중국어 선생님이다.
> Tā shì Hànyǔ lǎoshī.

> 给我一个塑料袋。 비닐봉투 하나 줘요.
> Gěi wǒ yí ge sùliàodài.

2) 지시대명사와 양사가 관형어가 될 때

> 这个电视剧很有意思。 이 드라마는 아주 재미있다.
> Zhè ge diànshìjù hěn yǒuyìsi.

> 最近那个歌手很红。 최근 그 가수는 아주 인기가 많다.
> Zuìjìn nà ge gēshǒu hěn hóng.

❸ '的'를 생략해도 되는 경우

인칭대명사가 관형어로 쓰여 중심어에 대한 친족관계나 소속단체를 나타낼 때

> 我(的)太太是主妇。 내 아내는 주부이다.
> Wǒ(de) tàitai shì zhǔfù.

> 你们(的)公司待遇怎么样? 너희 회사는 대우가 어떠니?
> Nǐmen (de) gōngsī dàiyù zěnmeyàng?

실력 쑥쑥

❶ 명사와 유사한 역할

1) '的'는 또한 명사, 대명사, 형용사, 동사 등과 같이 쓰여 명사와 유사한 역할을 한다. 이 때의 '的'는 '~의 것/~한 것'의 의미이다.

> 我要的是牛肉汉堡，不是鸡肉。 제가 시킨 것은 쇠고기 햄버거이지 닭고기가 아닙니다.
> Wǒ yào de shì niúròu hànbǎo, bú shì jīròu.

> 这套房子不是我的。 이 집은 내 것이 아니다.
> Zhè tào fángzi bú shì wǒ de.

我的爱是永远不变的。 나의 사랑은 영원히 변하지 않을 것이다.
Wǒ de ài shì yǒngyuǎn bú biàn de.

这种鞋有没有黑的？ 이런 신발은 검정색인 것이 있나요?
Zhè zhǒng xié yǒu méiyou hēi de?

这些菜都是我先生做的。 이 요리들은 제 남편이 만든 것입니다.
Zhè xiē cài dōu shì wǒ xiānsheng zuò de.

❷ 관형어의 배열순서

수식어가 여러 개 있을 경우 주로 아래와 같은 순서로 배열한다.

소유관계를 나타내는 명사나 대명사+지시대명사+수량사+수식관계를 나타내는 형용사나 동사

我的这个好朋友快要结婚了。 나의 이 친한 친구는 곧 결혼할 것이다.
Wǒ de zhè ge hǎo péngyou kuài yào jiéhūn le.

我哥哥的那两个同事都升职了。 우리 오빠의 그 두 동료는 모두 승진했다.
Wǒ gēge de nà liǎng ge tóngshì dōu shēngzhí le.

❸ '동사구+的'의 의미

'동사구+的'라는 구조는 어떠한 직업에 종사한다는 의미도 나타낸다.

算命的 suànmìng de 점쟁이   做买卖的 zuò mǎimài de 장사꾼
要饭的 yào fàn de 거지   修车的 xiū chē de 차 수리하는 사람

❹ '多'/'少'의 관형어 용법

'多'나 '少'는 단독으로 관형어로 쓸 수 없고 반드시 앞에 '很'이나 '不'를 붙여 사용해야 한다.

很多朋友帮助他。 많은 친구들이 그를 도와준다.
Hěnduō péngyou bāngzhù tā.

今天的晚会来了不少人。 오늘 파티에 많은 사람들이 왔다.
Jīntiān de wǎnhuì láile bù shǎo rén.

연습 톡톡

1 주어진 단어로 교체하면서 말하고, 문장도 적어 보세요.

1) 这是今天的报纸。 [图书馆-书 / 我-护照 / 顾客-要求]
   _____

2) 去旅游的人越来越多。 [进口-汽车 / 倒闭-公司 / 上网课-学生]
   _____

3) 他是一个很帅气的男孩。 [很调皮-孩子 / 非常温柔-女孩 / 很要好-朋友]
   _____

4) 这画儿是我画的。 [照片-我拍 / 口红-我买 / 围巾-我朋友送]
   _____

2 올바른 순서로 배열하여 문장을 만들어 보세요.

1) 最 他 爱 是 我 一生 的 人
   _____

2) 非常 这 一 是 的 件 事儿 有趣
   _____

3) 结婚 他 两个 孩子 都 了 的 那
   _____

4) 条 裙子 红 这 我 送 老同学 是 的
   _____

5) 旅游 非常 杭州 一个 城市 是 美丽 的
   _____

3 다음 문장을 중국어로 옮겨 보세요.

1) 운동은 내가 스트레스를 푸는 방법이다.
   _____

2) 그가 나에게 써준 편지는 내가 다 보관하고 있다.
   _____

3) 아이를 낳지 않겠다는 부부들이 갈수록 많아졌다.
   _____

4) 그는 아주 풍부한 마케팅 업무경험을 가지고 있다.
   _____

5) 지금 매고 있는 가방은 친구가 준 생일 선물이다.
   _____

어휘
报纸 bàozhǐ 신문　进口 jìnkǒu 수입하다　倒闭 dǎobì 도산하다, 망하다　调皮 tiáopí 까불다　温柔 wēnróu 따뜻하고 상냥하다　口红 kǒuhóng 립스틱　围巾 wéijīn 스카프, 목도리　减轻 jiǎnqīng 풀다, 덜다　压力 yālì 스트레스　保管 bǎoguǎn 보관하다　生 shēng 낳다　丰富 fēngfù 풍부하다　营销 yíngxiāo 마케팅　经验 jīngyàn 경험

2. 부사어와 그의 표지 '地'

부사어는 동사나 형용사 앞에서 정도, 방식, 시간, 장소, 상태 등을 나타내는 수식성분입니다. '地'는 부사어와 서술어를 연결하므로 부사어의 표지라고 할 수 있습니다. '地'는 언제 반드시 써야 하는지 언제 생략해도 되는지 여기서 그 용법을 자세히 살펴보도록 합시다.

기초 탄탄

1 '地'를 사용할 필요가 없는 경우

1) 부사가 부사어로 쓰일 때

我很羡慕你。 나는 네가 부럽다.
Wǒ hěn xiànmù ni.

他常常锻炼身体。 그가 자주 신체 단련을 한다.
Tā chángcháng duànliàn shēntǐ.

2) 일부 단음절 형용사가 부사어로 쓰일 때

你多穿点儿，小心感冒。 좀 많이 입고 감기 조심해요.
Nǐ duō chuān diǎnr, xiǎoxīn gǎnmào.

快走，我们来不及了。 빨리 가요, 우리가 늦을 거예요.
Kuài zǒu, wǒmen lái bu jí le.

3) 시간사가 부사어로 쓰일 때

今天晚上他有饭局。 오늘 저녁에 그는 식사 약속이 있다.
Jīntiān wǎnshang tā yǒu fànjú.

我下星期去海南岛度假。 난 다음주에 해남도에 휴가 보내러 가.
Wǒ xià xīngīī qù Hǎinán Dǎo dùjià.

4) 전치사구가 부사어로 쓰일 때

她对音乐感兴趣。 그녀는 음악에 관심이 있다.
Tā duì yīnyuè gǎn xìngqù.

我们在这儿照张相吧。 우리 여기서 사진을 한 장 찍자.
Wǒmen zài zhèr zhào zhāng xiàng ba.

❷ '地'를 사용해야 하는 경우

2음절 형용사가 부사어로 사용될 때 일반적으로 '地'를 사용해야 하며 중첩된 경우나 정도부사의 수식을 받는 경우에는 반드시 '地'를 사용해야 한다.

他着急地说:"该怎么办呢？" 그가 다급하게 "어떻게 해야 할까?"라고 말했다.
Tā zháojí de shuō:"gāi zěnme bàn ne?

他非常热情地招待客人。 그는 아주 친절하게 손님을 접대했다.
Tā fēicháng rèqíng de zhāodài kèrén.

学生们认认真真地看着书。 학생들이 아주 진지하게 책을 읽고 있다.
Xuéshengmen rènrèn zhēnzhē de kànzhe shū.

❸ '地'를 생략해도 되는 경우

일부 2음절 형용사 및 형용사 중첩형 뒤에는 '地'를 써도 되고 쓰지 않아도 된다.

你简单(地)介绍一下。 간단히 좀 소개해 봐.
Nǐ jiǎndān(de)jièshào yíxià.

你应该努力学习。 너는 마땅히 공부를 열심히 해야 한다.
Nǐ yīnggāi nǔlì xuéxí.

你在家好好(地)睡一觉。 집에서 한숨 푹 자거라.
Nǐ zài jiā hǎohāo(de) shuì yí jiào.

慢慢(地)开，时间来得及。 천천히 운전해요, 시간이 늦지 않아요.
Mànmān(de) kāi, shíjiān lái de jí.

실력 쑥쑥

단음절 형용사인 '多, 少, 快, 慢, 早, 晚, 新' 등은 자주 동사를 수식하여 부사어로 사용된다.

他新买了一台电脑。 그가 컴퓨터 한 대를 새로 샀다.
Tā xīn mǎile yì tái diànǎo.

你最好少吃零食。 네가 군것질거리를 적게 먹으면 좋겠다.
Nǐ zuìhǎo shǎo chī língshí.

周末我想晚点儿起床。 주말에 나는 조금 늦게 일어나고 싶다.
Zhōumò wǒ xiǎng wǎndiǎnr qǐchuáng.

别着急，你慢点儿说。 조급하지 말고 천천히 말해 봐요.
Bié zháojí, nǐ màndiǎnr shuō.

快告诉我，是怎么回事。 빨리 알려줘요. 어찌 된 일인지.
Kuài gàosu wo, shì zěnme huí shì.

你多喝点儿水。 물을 좀 많이 마셔요.
Nǐ duō hē diǎnr shuǐ.

你以后要少抽烟。 이후로 담배를 적게 피우세요.
Nǐ yǐhou yào shǎo chōuyān.

他有早睡早起的习惯。 그는 일찍 자고 일찍 일어나는 습관이 있다.
Tā yǒu zǎoshuì zǎoqǐ de xíguàn.

연습 톡톡

1 주어진 단어로 교체하면서 말하고, 문장도 적어 보세요.

1) 我周末经常去看展览。[去健身房运动 / 跟朋友聚会 / 在家休息]
   _____

2) 他很认真地听着讲座。[安静-看着书 / 开心-玩着游戏 / 专心-做着作业]
   _____

3) 你应该多吃点儿水果。[多喝-开水 / 多带-钱 / 少喝-酒]
   _____

4) 你好好儿打扫一下。[考虑 / 反省 / 检查]
   _____

2 올바른 순서로 배열하여 문장을 만들어 보세요.

1) 冷冷　他　了　笑　一声　对　我　的
   _____

2) 顺利　非常　这次　我　地　通过　考试　了
   _____

3) 舒舒服服　他　在　睡　一觉　床上　了　地
   _____

4) 经常　以前　我　朋友　跟　一起　滑雪　去
   _____

5) 地　学生们　专心　非常　老师　在　听　讲课
   _____

248

3 다음 문장을 중국어로 옮겨 보세요.

1) 이 문제에 대해 잘 고려해 보세요.
___

2) 그는 우리에게 회사의 상황을 자세히 소개해 주었다.
___

3) 시간이 이미 늦었으니 빨리 차를 타고 출발해요.
___

4) 그는 아주 화가 나서 그녀 뺨을 한 대 때렸다.
___

5) 아이는 아주 조용하게 의자에 앉아서 책을 보고 있다.
___

어휘
展览 zhǎnlǎn 전람회, 전시　健身房 jiànshēnfáng 체육관　聚会 jùhuì 모임, 집회　反省 fǎnxǐng 반성(하다)
滑雪 huáxuě 스키를 타다　考虑 kǎolǜ 고려하다　详细 xiángxì 상세하다　来不及 lái bu jí 늦다, 미치지 못하다
打一巴掌 dǎ yì bāzhang 뺨을 한 대 때리다　安静 ānjìng 조용하다

3. 결과보어

우리를 핸드폰과 같은 물건을 자주 잃어버리죠? 한참 동안 찾다가 드디어 찾았을 때 중국어로는 "我找到手机了(Wǒ zhǎodào shǒujī le)"라고 합니다. 여기서 '到'는 동작 또는 행위가 발생한 이후의 결과를 설명하는 성분이며 결과보어라고 합니다. 동작마다 여러 가지 결과가 일어날 수 있으므로 결과보어는 무척 다양하고 복잡하게 쓰입니다. 그럼, 자주 쓰이는 결과보어를 통해서 그 기능과 용법을 알아볼까요?

기초 탄탄

❶ 긍정형

동사+결과보어+(목적어)+了

我写完报告了。 나는 리포트를 다 썼다.
Wǒ xiěwán bàogào le.

我学会开车了。 나는 배워서 운전을 할 줄 안다.
Wǒ xuéhuì kāichē le.

❷ 부정형

동사+没(有)+결과보어+(목적어)

我没订到机票。 난 비행기표를 예약하지 못했다.
Wǒ méi dìngdào jīpiào.

他没考上大学。 그가 대학에 합격하지 못했다.
Tā méi kǎoshàng dàxué.

❸ 의문형

동사+결과보어+(목적어)+了吗／没有?
有没有+동사+결과보어+(목적어)?
동사+没+동사+결과보어+(목적어)?

你的电脑修好了吗? 너의 컴퓨터는 다 수리되었니?
Nǐ de diànnǎo xiūhǎo le ma?

我的话你听懂了没有? 내 말은 다 듣고 이해했어요?
Wǒ de huà nǐ tīngdǒng le méiyou?

你有没有收到我的邮件? 내 메일을 받았어요?
Nǐ yǒu méiyou shōudào wǒ de yóujiàn?

你找没找到你的小狗? 너의 강아지를 찾았니?
Nǐ zhǎo méi zhǎodào nǐ de xiǎo gǒu?

자주 쓰이는 결과보어

결과보어로 사용되는 단음절 동사와 형용사의 의미, 자주 결합하는 동사들은 아래와 같다.

*完 끝내다

吃 / 看 / 卖 / 做 / 喝 / 写 + 完

我已经吃完饭了。 나는 이미 밥을 다 먹었다.
Wǒ yǐjīng chīwán fàn le.

这本书我看完了。 이 책은 다 보았다.
Zhè běn shū wǒ kànwán le.

*到

1) 동작이 목적을 이루었거나 어떤 결과를 얻었음을 나타낸다

买 / 找 / 接 / 收 / 猜 / 看 / 听 / 得 + 到

他终于找到工作了。 그가 드디어 직장을 찾았다.
Tā zhōngyú zhǎodào gōngzuò le.

我买到演唱会的票了。 나는 콘서트 표를 구입했다.
Wǒ mǎidào yǎnchànghuì de piào le.

2) 동작이 어떤 시점까지 지속되었음을 나타낸다

睡 / 工作 / 等 / 学 / 推迟 + 到

我每天睡到九点才起床。 나는 날마다 9시까지 자고서야 비로소 일어난다.
Wǒ měitiān shuìdào jiǔ diǎn cái qǐchuáng.

会议时间推迟到下午三点。 회의시간은 오후 3시로 미뤘다.
Huìyì shíjiān tuīchí dào xiàwǔ sān diǎn.

3) 동작에 의해 어떤 곳에 도달했음을 나타낸다

搬 / 爬 / 运 / 送 / 传 / 发 / 走 + 到

我把邮件发到你的邮箱了。 나는 메일을 너의 메일함에 보냈다.
Wǒ bǎ yóujiàn fādào nǐ de yóuxiāng le.

* 着 뜻대로 이루어지다, 목적이 달성되다

买 / 借 / 找 / 猜 / 捡 + 着

车钥匙最后找着了。 차 열쇠는 결국 찾아냈다.
Chē yàoshi zuìhòu zhǎozháo le.

他躺了一会儿就睡着了。 그가 잠깐 누웠다가 잠이 들었다.
Tā tǎngle yíhuìr jiù shuìzháo le.

* 住 고정되어 변하지 않다

拉 / 记 / 抓 / 站 / 停 + 住

你的话我都记住了。 너의 말은 다 기억해 두었다.
Nǐ de huà wǒ dōu jìzhù le.

他紧紧地抓住我的手。 그가 나의 손을 꽉 잡았다.
Tā jǐnjǐn de zhuāzhù wǒ de shǒu.

* 好

1) 잘 마무리되다, 만족할 정도가 되다

准备 / 收拾 / 做 / 说 / 学 + 好

行李我都收拾好了。 짐은 내가 다 챙겼다.
Xíngli wǒ dōu shōushi hǎo le.

晚饭做好了没有? 저녁은 다했나요?
Wǎnfàn zuòhǎo le méiyou?

2) 잘못된 것을 고치고 원래대로 회복하다

修 / 改 / 治 / 补 + 好

你的手表修好了。 너의 손목시계는 다 수리되었다.
Nǐ de shǒubiǎo xiūhǎo le.

你的病一定能治好。 너의 병은 반드시 다 치료될 거야.
Nǐ de bìng yídìng néng zhìhǎo.

*错 틀리다

打 / 写 / 做 / 说 / 听 + 错

我坐错公交车了。 내가 버스를 잘못 탔다.
Wǒ zuòcuò gōngjiāochē le.

你打错电话了。 네가 전화를 잘못 걸었다.
Nǐ dǎcuò diànhuà le.

실력 쑥쑥

가정을 나타내는 문장처럼 아직 발생하지 않은 동작 행위를 나타내는 문장에서는 '동사+결과보어' 구조에 부정부사 '不'를 사용할 수 있다.

不做完作业，我就不睡觉。 숙제를 다하지 않으면 나는 자지 않을 것이다.
Bú zuòwán zuòyè, wǒ jiù bú shuìjiào.

你不说清楚，我怎么帮你呢? 말을 명확하게 하지 않으면 내가 어떻게 너를 도와주니?
Nǐ bù shuō qīngchu, wǒ zěnme bāng nǐ ne?

연습 톡톡

1 주어진 단어로 교체하면서 말하고, 문장도 적어 보세요.

1) 我<u>洗干净</u> <u>衣服</u>了。[洗完-碗 / 打扫好-房间 / 记住-时间]

2) <u>手表</u> <u>找着</u>了没有？[车票-买到 / 小说-看完 / 晚会-准备好]

3) 我没<u>听懂</u> <u>你的话</u>。[收到-快递 / 做错-事情 / 找着-钱包]

4) 我昨天<u>睡</u>到<u>十点</u>。[工作-晚上九点 / 喝-半夜十二点 / 游戏玩到-凌晨一点]

2 틀린 부분을 고쳐 보세요.

1) 他吃饭完就出去散步了。

2) 我不听清楚你说的话，你再说一遍。

3) 我昨天晚上电视到十二点看了。

4) 你放心，你的话我都记了。

5) 我订晚了，没订完火车票。

3 다음 문장을 중국어로 옮겨 보세요.

1) 큰 사이즈 옷은 다 팔렸다.
   _____

2) 내가 잃어버린 카메라를 찾지 못했다.
   _____

3) 어제 밤에 더워서 밤새 자지 못했다.
   _____

4) 내일 회의 자료를 다 준비했어요?
   _____

5) 중국어를 잘 배우지 않으면 나는 한국에 귀국하지 않을 것이다.
   _____

어휘 干净 gānjìng 깨끗하다, 깔끔하다　手表 shǒubiǎo 손목시계　快递 kuàidì 속달　半夜 bànyè 한밤중, 심야
凌晨 língchén 이른 새벽　火车票 huǒchēpiào 기차표　资料 zīliào 자료　回国 huíguó 귀국하다

4. 방향보어

방향보어를 이해하는 데에는 그다지 어려움이 따르지 않을 것입니다. 한국어에서도 유사한 표현이 있으니까요. "进来(jìnlái) 들어오세요", "回去吧(huíqù ba) 돌아가세요" 등처럼 동사 뒤에 '来, 去'를 사용하여 동작 발생에 따른 이동 방향을 설명하는 성분을 방향보어라고 합니다. 다만 방향보어는 기본의미 외에 다양한 파생의미도 가지고 있어 완전히 마스터하기에는 어려움이 있는 것 같습니다. 이제 방향보어의 주요한 유형과 용법을 배워 볼까요?

기초 탄탄

❶ 단순 방향보어

단순방향동사가 다른 술어동사 뒤에 사용되어 하나의 동작 방향을 나타내는 것을 말한다.

동사 + 上 / 下 / 进 / 出 / 回 / 过 / 起

他抬起头，看着大家。 그가 머리를 들어 사람들을 쳐다보고 있다.
Tā táiqǐ tóu, kànzhe dàjiā.

他头也不回，走出了大门。 그는 머리도 돌리지 않고 대문을 나섰다.
Tā tóu yě bù huí, zǒuchū le dàmén.

동사 + 来 / 去

1) 동사+来 화자 쪽으로 향한 방향

我带来很多好吃的。 나는 맛있는 것을 많이 가지고 왔다.
Wǒ dàilái hěn duō hǎochī de.

快下楼来，有人找你。 빨리 내려와, 누가 너를 찾고 있어.
Kuài xià lóu lái, yǒu rén zhǎo nǐ.

2) 동사+去 화자 쪽에서 멀어져 가는 방향

这本书你拿去看吧。 이 책은 네가 가지고 가서 봐.
Zhè běn shū nǐ náqù kàn ba.

你有事，就快回去吧。 네가 일이 있으니 빨리 돌아가.
Nǐ yǒu shì, jiù kuài huíqù ba.

② 복합 방향보어

복합방향동사가 다른 술어동사 뒤에 사용되어 두 가지의 동작 방향을 나타내는 것을 말한다.

快把照片拿出来给我看一下。 빨리 사진을 꺼내서 나에게 좀 보여줘요.
Kuài bǎ zhàopiàn náchūlai gěi wǒ kàn yíxià.

我看见他走进饭店里去了。 나는 그가 호텔에 들어가는 것을 봤다.
Wǒ kànjiàn tā zǒujìn fàndiàn li qù le.

她慢慢地从楼上走下来。 그녀가 천천히 윗층에서 내려오고 있다.
Tā mànman de cóng lóushang zǒuxiàlai.

목적어의 위치

1) 목적어가 장소명사이면 일반적으로 동사 뒤, '来/去' 앞에 위치한다.

他回去宿舍。(X)
他回宿舍去了。(O) 그가 기숙사에 돌아갔다.
Tā huí sùshè qù le.

老师走进来教室了。(X)
老师走进教室来了。(O) 선생님께서 교실에 걸어서 들어오셨다.
Lǎoshī zǒujìn jiàoshì lai le.

2) 목적어가 만약 사람이나 사물을 나타내는 명사이면 목적어는 '来/去' 앞이나 뒤에 다 올 수 있다.
단 발생하지 않은 사건일 경우 일반적으로 '来/去' 앞에 출현한다.

他从包里拿出一本书来。 그가 책 한 권을 가방에서 꺼냈다.
Tā cóng bāoli náchū yì běn shū lai.

他从包里拿出来一本书。 그가 책 한 권을 가방에서 꺼냈다.
Tā cóng bāoli náchūlai yì běn shū.

我想带一些水果去。 나는 과일을 조금 가지고 갈 생각이다.
Wǒ xiǎng dài yìxiē shuǐguǒ qù.

3) 명령문에 사용되는 경우, 목적어는 '来/去' 앞에만 올 수 있다.

快拿钱来！ 빨리 돈을 내놓아!
Kuài ná qián lai!

明天你带相机来！ 내일 카메라를 가지고 와!
Míngtiān nǐ dài xiàngjī lai!

복합방향보어의 주요 파생의미

~起来

1) 시작과 지속

他的病好起来了。 그의 병은 좋아지기 시작했다.
Tā de bìng hǎoqǐlai le.

2) 흩어지는 상태에서 집중하는 상태로

快把东西收起来。 빨리 물건을 챙기거라.
Kuài bǎ dōngxi shōuqǐlai.

3) 결과가 생김

想了半天，终于想起来了。 한참 동안 생각해서 드디어 생각이 났다.
Xiǎngle bàntiān, zhōngyú xiǎngqǐlai le.

4) 가설

很多事情说起来容易，做起来难。 많은 일들은 말하기는 쉽고 일하기는 어렵다.
Hěn duō shìqíng shuōqǐlai róngyì, zuòqǐlai nán.

~下去

1) 동작의 계속된 진행

坚持下去，就是胜利。 계속 견디면 승리할 것이다.
Jiānchíxiàqu, jiù shì shènglì.

2) 상태의 지속

不想再这样胖下去了。 이렇게 계속 뚱뚱해지고 싶지 않다.
Bù xiǎng zài zhèyàng pàngxiàqu le.

~出来

1) 구별해 냄

我认出来了，他是我的小学同学。 내가 알아봤는데, 그는 나의 초등학교 동창이다.
Wǒ rènchūlai le, tā shì wǒ de xiǎoxué tóngxue.

2) 결과가 생기거나 나타남

他想出来一个好主意。 그가 좋은 아이디어를 생각해 냈다.
Tā xiǎngchūlai yíge hǎo zhǔyi.

~下来

1) 강한 상태에서 약한 상태로 변화

他跑的速度慢下来了。 그가 뛰는 속도가 느려졌다.
Tā pǎo de sùdù mànxiàlai le.

2) 분리, 이탈

热的话，把帽子摘下来。 더우면 모자를 벗어요.
Rè de huà, bǎ màozi zhāixiàlai.

11 문장의미의 확장

3) 사물을 고정시킴

今天就在我家住下来。 오늘은 그냥 우리 집에 묵어라.
Jīntiān jiù zài wǒ jiā zhùxiàlai.

~过来

1) 원래의 정상적인 상태로 되돌아 옴

他终于醒过来了。 그가 드디어 깨어났다.
Tā zhōngyú xǐngguòlai le.

2) 견딤

虽然很苦，但我熬过来了。 비록 힘들었지만 내가 견뎌냈다.
Suīrán hěn kǔ, dàn wǒ áoguòlai le.

~过去

원래의 정상적인 상태를 잃어버림

他突然昏过去了。 그가 갑자기 혼절했다.
Tā tūrán hūnguòqu le.

* 결과 의미 또는 시작, 출현 의미를 나타낼 때 목적어는 일반적으로 '来/去' 앞에 위치한다.

外面突然下起雨来。 밖에 갑자기 비가 오기 시작했다.
Wàimian tūrán xiàqǐ yǔ lai.

他们开始谈起工作来。 그들은 일에 대해 이야기하기 시작했다.
Tāmen kāishǐ tánqǐ gōngzuò lai.

两人坐下后，聊起天来。 두 사람은 앉은 후 잡담하기 시작했다.
Liǎng rén zuòxià hou, liáoqǐ tiān lai.

我这才放下心来。 나는 이제야 안심했다.
Wǒ zhè cái fàngxià xīn lai.

연습 톡톡

1 주어진 단어로 교체하면서 말하고, 문장도 적어 보세요.

1) 他在教室，你进去找他吧。[三楼-上去 / 楼下-下去 / 宿舍-回去]

2) 我从商店买来了一件衣服。

   [超市-买-一些水果 / 家里-带-一些吃的 / 图书馆-借-几本书]

3) 他跑进教室去了。[走下山去 / 跑回家里去 / 跑上楼去]

4) 他从包里拿出一本书来。[抽屉-一个盒子 / 钱包-一百块钱 / 相册-一张照片]

2 틀린 부분을 고쳐 보세요.

1) 他上个月就回去韩国了。

2) 外边冷，快进去屋里。

3) 我想出来了他的名字。

4) 他从口袋里拿过手机来。

5) 毕业后我也会一直学下来的。

3 다음 문장을 중국어로 옮겨 보세요.

1) 그는 서랍에서 앨범 한 권을 꺼냈다.
   _____

2) 창 밖에 갑자기 눈이 내리기 시작했다.
   _____

3) 나는 신분증 가져오는 것을 잊었다.
   _____

4) 그가 짐을 가지고 호텔에 걸어 들어갔다.
   _____

5) 응급조치를 거쳐 환자가 드디어 깨어났다.
   _____

어휘 超市 chāoshì 슈퍼마켓   抽屉 chōuti 서랍   盒子 hézi 상자   相册 xiàngcè 사진첩, 앨범   口袋 kǒudai 호주머니
身份证 shēnfènzhèng 신분증   抢救 qiǎngjiù 응급 조치하다   病人 bìngrén 환자

5. 정태보어

사람들과 만날 때 "요즈음 어떻게 지내고 있어요?" 이렇게 인사를 하죠? 이 말은 중국어로 하면 "最近过得怎么样?(Zuìjìn guò de zěnmeyàn?)"이라고 표현합니다. 대답할 때 "저는 잘 지냅니다(我过得很好 Wǒ guò de hěn hǎo)"라고 많이 하죠. 여기서 '好'처럼 서술어 뒤에 쓰여 발생한 혹은 발생 중인 동작 상태에 대해 평가하거나 묘사하는 성분을 정태보어라고 합니다.

기초 탄탄

1 긍정형

1) 동사+得+형용사

我们玩儿得**很开心**。 우리는 신나게 놀았다.
Wǒmen wánr de hěn kāixīn.

周末我休息得**很好**。 주말에 나는 잘 쉬었다.
Zhōumò wǒ xiūxi de hěn hǎo.

2) 동사/형용사+得+동사(구)

他高兴得**跳了起来**。 그가 매우 기뻐서 뛰기 시작했다.
Tā gāoxìng de tiào le qǐlai.

他忙得**没时间跟朋友联系**。 그는 바빠서 친구와 연락할 시간도 없다.
Tā máng de méi shíjiān gēn péngyou liánxi.

2 부정형

동사+得+不+형용사

我跑得**不快**。 나는 뛰는 것이 빠르지 않다.
Wǒ pǎo de bú kuài.

菜做得**不好吃**。 요리를 한 것이 맛이 없다.
Cài zuò de bù hǎochī.

③ 의문형

동사+得+형용사+吗? / 동사+得+형용사+不+형용사?

他长得帅吗? 그는 잘생겼어요?
Tā zhǎng de shuài ma?

这次考试考得好不好? 이번 시험은 잘 봤어요?
Zhè cì kǎoshì kǎo de hǎo bu hǎo?

④ 동사+得+怎么样?

你们玩得怎么样? 너희들은 잘 놀았어?
Nǐmen wán de zěnmeyàng?

这次晚会准备得怎么样了? 이번 파티는 잘 준비되었어요?
Zhè cì wǎnhuì zhǔnbèi de zěnmeyàng le?

술어동사가 목적어를 가지는 경우

1) 동사를 중복시켜야 한다.

她弹吉他弹得很好。 그녀가 기타를 잘 친다.
Tā tán jítā tán de hěn hǎo.

他每天睡觉睡得很晚。 그가 매일 늦게 잔다.
Tā měitiān shuìjiào shuì de hěn wǎn.

2) 목적어 앞에 있는 동사를 생략할 수 있다.

他(唱)歌唱得不错。 그가 노래를 잘 부른다.
Tā (chàng) gē chàng de búcuò.

我弟弟(画)画儿画得很好。 내 남동생은 그림을 잘 그린다.
Wǒ dìdi (huà) huàr huà de hěn hǎo.

실력 쑥쑥

형용사나 심리동사 뒤에 사용되어 '매우, 대단히, 엄청, 죽을 정도로' 등의 의미로 정도를 나타내는 정태보어도 있다.

1) 형용사/심리동사+得+很/要命/不行

天气热得很。 날씨가 무척 덥다.
Tiānqì rè de hěn.

房间乱得很。 방이 아주 어지럽다.
Fángjiān luàn de hěn.

最近大家都忙得要命。 요즈음 사람들은 모두 바빠 죽는다.
Zuìjìn dàjiā dōu máng de yàomìng.

我觉得头疼得要命。 나는 머리가 아파 죽겠다.
Wǒ juéde tóu téng de yàomìng.

昨晚熬夜了，现在我困得不行。 지금 졸려 죽겠다.
Zuówǎn áoyè le, xiànzài wǒ kùn de bùxíng.

2) 형용사/심리동사+极了/死了/坏了

那里的风景美极了。 거기의 풍경은 아주 아름답다.
Nàli de fēngjǐng měi jí le.

一天没吃东西，饿死了。 어젯밤에 밤을 새워서 하루 종일 먹지 않아 배가 고파 죽겠다.
Yì tiān méi chī dōngxi, èsǐ le.

听到自己考上大学的消息，他高兴坏了。 자신의 대학 합격 소식을 듣고 그는 아주 기뻤다.
Tīngdào zìjǐ kǎoshàng dàxué de xiāoxi, tā gāoxìng huài le.

연습 톡톡

1 주어진 단어로 교체하면서 말하고, 문장도 적어 보세요.

1) 他睡得很好。[起-早 / 跑-快 / 长-丑]

2) 我打乒乓球打得很好。[跳舞 / 弹钢琴 / 做菜]

3) 他汉语说得不好。[文章-写 / 吉他-弹 / 网球-打]

4) 她钢琴弹得好不好? [中国菜-做-好吃 / 汉语-说-流利 / 高尔夫球-打-好]

2 틀린 부분을 고쳐 보세요.

1) 她唱歌得非常好听。

2) 我弟弟游泳得很快。

3) 他每天起床得很早。

4) 昨天我们玩很高兴了。

5) 他踢足球不踢得好。

3 다음 문장을 중국어로 옮겨 보세요.

1) 이번 기말시험을 잘 보았어요?
   _____

2) 그녀의 딸이 아주 귀엽게 생겼다.
   _____

3) 하루 종일 일을 했더니 피곤해 죽겠다.
   _____

4) 당신은 김치를 맛있게 합니까?
   _____

5) 이 프로젝트는 잘 준비되고 있나요?
   _____

长 zhǎng 성장하다, 자라다   丑 chǒu 못생기다, 추악하다   乒乓球 pīngpāngqiú 탁구   钢琴 gāngqín 피아노
文章 wénzhāng 글   网球 wǎngqiú 테니스   流利 liúlì 유창하다   高尔夫球 gāo'ěrfūqiú 골프   踢 tī 차다
项目 xiàngmù 프로젝트

6. 가능보어

가능보어는 동사서술어가 어떤 결과를 만들어 낼 수 있는지 가능 여부를 설명하는 성분입니다. 예를 들면 "你听得懂吗?(Nǐ tīng de dǒng ma? 넌 이해할 수 있니?)"처럼 여기서 '听得懂'은 '听'의 동작이 '懂'이란 결과에 도달할 수 있는지에 관한 가능성을 나타냅니다. 가능보어의 구조는 '동사-결과보어'와 '동사-방향보어' 사이에 구조조사 '得'를 사용하여 만듭니다. 이제 그의 구체적인 용법을 살펴보도록 합시다.

기초 탄탄

① 긍정형

동사+得+가능보어

这书的内容不难，我看得懂。 이 책의 내용이 어렵지 않아서 내가 보고 이해할 수 있다.
Zhè shū de nèiróng bù nán, wǒ kàn de dǒng.

那山不高，我爬得上去。 그 산이 높지 않아서 내가 올라갈 수 있다.
Nà shān bù gāo, wǒ pá de shàngqu.

别担心，他一定考得上大学。 걱정하지 마. 그는 반드시 대학에 합격할 거야.
Bié dānxīn, tā yídìng kǎo de shàng dàxué.

② 부정형

동사+不+가능보어

去晚了，会买不到票。 늦게 가면 표를 사지 못할 것이다.
Qù wǎn le, huì mǎi bu dào piào.

菜太多了，我们吃不完。 요리가 너무 많아서 우리가 다 먹을 수 없다.
Cài tài duō le, wǒmen chī bu wán.

晚上六点以前我可能回不来。 저녁 6시 전에 내가 아마 돌아올 수 없을 것이다.
Wǎnshang liù diǎn yǐqián wǒ kěnéng huí bu lái.

3 의문형

동사+得+가능보어+吗? / 동사+得+가능보어+동사+不+가능보어?

老师讲的内容你听得懂吗? 선생님께서 강의하신 내용은 네가 다 듣고 이해할 수 있니?
Lǎoshī jiǎng de nèiróng nǐ tīng de dǒng ma?

这件事情你办得好办不好? 이 일은 네가 잘 처리할 수 있어 없어?
Zhè jiàn shìqíng nǐ bàn de hǎo bàn bu hǎo?

* 목적어는 일반적으로 가능보어 뒤에 출현한다. 다만 비교적 길거나 강조하고자 할 때는 문장 앞에 올 수 있다.

你看得清这些字吗? 이 글자들을 잘 볼 수 있니?
Nǐ kàn de qīng zhè xiē zì ma?

黑板上写的这些字你看得清楚吗? 칠판에 쓴 이 글자들은 네가 잘 볼 수 있어?
Hēibǎnshang xiě de zhè xiē zì nǐ kàn de qīngchu ma?

자주 사용하는 가능보어 형식

动词 + 得/不 + 了

1) 동작이나 행위의 실현 가능 여부를 나타낸다.

下雨了，我们踢不了足球了。 비가 와서 우리는 축구를 할 수 없게 되었다.
Xià yǔ le, wǒmen tī bu liǎo zúqiú le.

他病得很厉害，今天上不了课了。 그가 많이 아파서 오늘 수업을 할 수 없게 되었다.
Tā bìng de hěn lìhai, jīntiān shàng bu liǎo kè le.

明天的活动你参加得了吗? 내일 활동에 너는 참가할 수 있니?
Míngtiān de huódòng nǐ cānjiā de liǎo ma?

我有要紧事，可能参加不了。 내가 중요한 일이 있어서 아마도 참가할 수 없을 것 같다.
Wǒ yǒu yàojǐn shì, kěnéng cānjiā bu liǎo.

2) '完'의 의미로 사용되기도 한다.

A: 点了这么多菜，我们吃得了吗? 요리를 이렇게 많이 시켰는데 우리가 다 먹을 수 있겠니?
Diǎnle zhème duō cài, wǒmen chī de liǎo ma?

B: 吃不了，可以打包带走。 다 못 먹으면 싸서 가지고 가면 돼요.
Chī bu liǎo, kěyǐ dǎ bāo dài zǒu.

실력 쑥쑥

가능보어와 조동사 '能'의 비교

1) 긍정인 경우 모두 어떤 동작의 결과를 만들어 낼 수 있는 능력이나 객관적인 조건이 있는지를 나타낼 수 있다. 그리고 조동사 '能'은 긍정형 가능보어와 같이 쓸 수 있다.

作业不多，今天(能)做得完。 숙제가 많지 않아서 오늘 다할 수 있다.
Zuòyè bù duō, jīntiān (néng) zuò de wán.

作业不多，今天能做完。 숙제가 많지 않아서 오늘 다할 수 있다.
Zuòyè bù duō, jīntiān néng zuòwán.

2) '불허'의 의미를 나타낼 때는 조동사만 사용할 수 있으며, 가능보어의 부정형은 사용할 수 없다.

没有钥匙，我进不去。(没办法进去) 열쇠가 없어서 난 못 들어간다.
Méiyou yàoshi, wǒ jìn bu qù.(méi bànfǎ jìnqu)

里边在开会，你不能进去。(不可以进去) 안에 회의 중이니 못 들어가요.
Lǐbian zài kāihuì, nǐ bù néng jìnqu. (bù kěyǐ jìnqu)

里边在开会，你进不去。(x)

연습 톡톡

1 주어진 단어로 교체하면서 말하고, 문장도 적어 보세요.

1) 作业你做得完吗? [答案-猜着 / 生词-记住 / 球票-买到]
   _____

2) 我想不起来了。[爬上去 / 坚持下去 / 回答出来]
   _____

3) 明天你来得了吗? [那个人-忘 / 这个问题-解决 / 会议-参加]
   _____

4) 这么多事，我一个人做不了。[菜-吃 / 酒-喝 / 东西-搬]
   _____

2 틀린 부분을 고쳐 보세요.

1) 里边正在考试，你进不去。
   _____

2) 我喝了咖啡，晚上就会睡觉不着。
   _____

3) 我担心这次考试我会不考好。
   _____

4) 这是秘密，你说不出去。
   _____

5) 那个讲座你听得懂听得不懂?
   _____

3 다음 문장을 중국어로 옮겨 보세요.

1) 좋은 방법을 생각해 낼 수 없으니 좀 도와줘.
   _____

2) 이 리포트는 이틀 안에 다 쓸 수 있나요?
   _____

3) 그의 감기가 심해서 내일 출근할 수 없게 되었다.
   _____

4) 이 상자는 아주 무거워서 나는 혼자 운반할 수 없다.
   _____

5) 비가 많이 와서 학교 운동회는 열 수 없게 되었다.
   _____

어휘 猜 cāi 추측하다, 알아맞히다   球票 qiúpiào 구기 경기의 입장권   坚持 jiānchí 끝까지 버티다   回答 huídá 대답하다
会议 huìyì 회의   秘密 mìmì 비밀   讲座 jiǎngzuò 강좌   箱子 xiāngzi 상자

7. 수량보어

술어동사 뒤에 그 동작의 횟수나 동작이 진행되는 시간을 보충해 주는 것을 수량보어라고 합니다. 예를 들면 "你再说一遍(Nǐ zài shuō yí biàn 다시 한번 말해 보세요)"에서 '遍'은 수량보어로서 '说'라는 동작의 횟수를 보충해 주고 있습니다. 동작의 횟수를 나타내는 것을 동량보어라고 하고, 동작의 지속시간을 나타내는 것을 시량보어라고 합니다. 그러면 수량보어의 용법을 알아볼까요?

기초 탄탄

1 동량보어

동사+동량보어 동작의 횟수를 나타낸다

我去过一次。 난 한 번 가본 적이 있다.
Wǒ qùguo yí cì.

你再听一遍录音。 녹음을 한 번 더 들어봐.
Nǐ zài tīng yí biàn lùyīn.

你上网搜一下。 네가 인터넷에 들어가서 한번 검색해 봐.
Nǐ shàngwǎng sōu yíxià.

목적어의 위치

1) 목적어가 일반명사인 경우 보어 뒤에 위치한다.

我吃过一次麻辣香锅。 나는 마라샹궈를 한 번 먹어본 적이 있다.
Wǒ chīguo yí cì Málàxiāngguō.

他读了两遍课文。 그가 본문을 두 번 읽었다.
Tā dúle liǎng biàn kèwén.

2) 목적어가 인명이나 지명인 경우 보어 앞이나 뒤에 다 위치할 수 있다.

我去过中国一次。 = 我去过一次中国。 나는 중국에 한 번 가본 적이 있다.
Wǒ qùguo Zhōngguo yí cì.　　Wǒ qùguo yí cì Zhōngguó.

我见过王丽一次。 = 我见过一次王丽。 나는 왕리를 한 번 만나본 적이 있다.
wǒ jiànguo Wánglì yí cì.　　Wǒ jiànguo yí cì Wánglì.

3) 목적어가 대명사인 경우 보어 앞에 위치한다.

以前我来过这儿一次。 나는 전에 여기에 와본 적이 있다.
Yǐqián wǒ láiguo zhèr yí cì.

我去找过你两次，你都不在。 내가 너를 두 번 찾아갔는데 네가 다 없었다.
Wǒ qù zhǎoguo nǐ liǎng cì, nǐ dōu bú zài.

자주 쓰이는 동량사

* **次** 동작의 횟수를 나타낸다. 구어에서는 '回'를 사용한다.

他结过两次婚。 그는 두 번 결혼한 적이 있다.
Tā jiéguo liǎng cì hūn.

* **遍** 같은 내용을 처음부터 끝까지 반복한 횟수를 말한다.

这个电影我看过两遍。 이 영화는 내가 두 번 보았다.
Zhè ge diànyǐng wǒ kànguo liǎng biàn.

* **趟** 왔다갔다 반복하는 동작의 횟수를 말한다.

今天去了一趟医院。 오늘은 병원에 한 번 다녀왔다.
Jīntiān qù le yí tàng yīyuàn.

* **下** 시간이 짧고, '한번 좀 ~해 보다'의 뜻으로 사용한다.

这双皮鞋我穿一下。 이 가죽 구두는 내가 한번 신어볼게요.
Zhè shuāng píxié wǒ chuān yíxià.

你扫一下二维码。 QR코드를 한번 스캔해 봐요.
Nǐ sǎo yíxià èrwéimǎ.

*场 비, 바람, 전쟁, 공연 등의 횟수를 말한다.

昨天下了一**场**大雨。 어제 한바탕 비가 내렸다.
Zuótiān xiàle yì chǎng dàyǔ.

周末我看了一**场**话剧。 주말에 나는 연극을 보았다.
Zhōumò wǒ kànle yì chǎng huàjù.

2 시량보어

동사+시량보어 동작의 지속시간을 나타낸다

我们谈了**一个小时**。 우리는 한 시간 동안 얘기를 나눴다.
Wǒmen tánle yí ge xiǎoshí.

他在中国住了**十年**。 그가 중국에서 산 지 10년이 되었다.
Tā zài Zhōngguó zhùle shí nián.

목적어의 위치

1) 목적어가 일반명사인 경우

동사+목적어+동사+시량보어

我学**汉语**学了半年。 난 반년 동안 중국어를 배웠다.
Wǒ xué Hànyǔ xuéle bàn nián.

我等**车**等了半个小时。 나는 차를 반 시간 기다렸다.
Wǒ děng chē děngle bàn ge xiǎoshí.

동사+시량보어+(的)+목적어

我学了半年(的)**汉语**。 나는 반년 동안 중국어를 배웠다.
Wǒ xuéle bàn nián(de) Hànyǔ.

我等了半个小时(的)**车**。 난 차를 반 시간 기다렸다.
Wǒ děngle bàn ge xiǎoshí(de) chē.

我学汉语半年了。(X)
我等车半个小时了。(X)

2) 목적어가 대명사인 경우

동사+목적어+시량보어

我找了他半天，也没找到。 난 그를 한참 동안 찾았는데 결국 찾지 못했다.
Wǒ zhǎo le tā bàntiān, yě méi zhǎodào.

你再等我一会儿，我马上就好。 좀 더 기다려줘. 내가 곧 다할 거야.
Nǐ zài děng wǒ yí huìr, wǒ mǎshang jiù hǎo.

我找了半天他。（X）
你再等一会儿我。（X）

＊ 시량보어가 있는 문장에서 동사와 문장 끝에 '了'가 있으면 동작이 끝나지 않고 현재도 여전히 진행 중임을 나타낸다.

我玩了一个小时游戏了。 나는 게임을 한 시간째 하고 있다.
Wǒ wánle yí ge xiǎoshí yóuxì le.

我玩了一个小时游戏。 (지금 게임을 하고 있지 않다) 나는 게임을 한 시간 동안 했다.
Wǒ wánle yí ge xiǎoshí yóuxì.

실력 쑥쑥

시량보어는 '毕业, 下课, 来, 去, 离开, 认识, 结婚' 등과 같은 비지속동사와 결합할 때 동작 발생 후 경과된 시간을 나타낸다.

他去美国一年多了。 그가 미국에 간 지 일 년이 넘었다.
Tā qù měiguó yì nián duō le.

我和男朋友认识快十年了。 나는 남자친구와 안 지 거의 10년이 되었다.
Wǒ hé nánpéngyou rènshi kuài shí nián le.

他大学毕业三年了。 그가 대학을 졸업한 지 3년이 되었다.
Tā dàxué bìyè sān nián le.

我父母结婚三十年了。 나의 부모님은 결혼하신 지 30년이 되었다.
Wǒ fùmǔ jiéhūn sānshí nián le.

연습 톡톡

1 주어진 단어로 교체하면서 말하고, 문장도 적어 보세요.

1) 我打了一会儿瞌睡。[玩-手机 / 看-视频 / 听-广播]
   _____

2) 我吃过一次火锅。[看-演唱会 / 喝-中国酒 / 参加-比赛]
   _____

3) 他练了一年书法了。[上-大学 / 学-瑜伽 / 开-网店]
   _____

4) 他高中毕业已经五年了。[离婚 / 离开美国 / 认识女友]
   _____

2 틀린 부분을 고쳐 보세요.

1) 我以前见过一次他，印象不深。
   _____

2) 他昨天上课六个小时，很累。
   _____

3) 你快点儿，我在门口等一下你。
   _____

4) 你跟前女友分手分了多长时间?
   _____

5) 我去她的房间聊天了一会儿。
   _____

3 다음 문장을 중국어로 옮겨 보세요.

1) 저는 상해에 한 번 가본 적이 있는데 나중에 또 가보고 싶습니다.
   _____

2) 그녀는 어제 한 시간 동안 드라마를 본 후에 바로 잤다.
   _____

3) 너의 말을 잘 듣지 못했는데 다시 한번 말해 줄 수 있니?
   _____

4) 그가 북경을 떠난 지 3년이 되었는데 그때의 생활을 아직 잘 기억하고 있다.
   _____

5) 나는 테니스를 3개월째 배우고 있는데 아직 그다지 잘 치지 못한다.
   _____

어휘 打瞌睡 dǎ kēshuì 졸다　视频 shìpín 동영상　广播 guǎngbō 라디오 방송　演唱会 yǎnchànghuì 콘서트
瑜伽 yújiā 요가　网店 wǎngdiàn 온라인 쇼핑몰　女友 nǚyǒu 여자 친구　印象 yìnxiàng 인상　分手 fēnshǒu 헤어지다

12

특수구문

1. 연동문(连动文)
2. 겸어문(兼语文)
3. 존현문(存现文)
4. '把'자문
5. '被'자문

1. 연동문(连动文)

연동문은 동일한 하나의 주어에 대해 두 개 혹은 두 개 이상의 동사(구)가 술어가 되어 서술하고 묘사하는 구문입니다. 연동문에 있는 동사들은 주로 시간의 흐름에 따라 순서를 배열합니다. 동사 간의 논리적 의미 관계에 따라 4가지 유형으로 분류할 수 있습니다.

기초 탄탄

❶ 목적을 나타내는 연동문

두 번째 동사가 첫 번째 동사의 목적임을 나타낸다.

我去医院看病。 나는 진찰하러 병원에 간다.
Wǒ qù yīyuàn kànbìng.

咱们去食堂吃午饭吧。 우리 점심을 먹으러 식당에 가자.
Zǎnmen qù shítáng chī wǔfàn ba.

他常来我家玩儿。 그는 자주 우리 집에 놀러 온다.
Tā cháng lái wǒ jiā wánr.

他这次来韩国见客户。 그가 이번에 한국에 거래처를 만나러 온다.
Tā zhè cì lái Hánguó jiàn kèhù.

❷ 동작의 연속을 나타내는 연동문

첫 번째 동사와 두 번째 동사가 연속해서 발생함을 나타낸다.

我打电话叫他过来。 내가 전화를 걸어 그에게 이쪽으로 오라고 했다.
Wǒ dǎ diànhuà jiào tā guòlai.

我打算放了假就去旅行。 나는 방학을 하고서 여행갈 계획이다.
Wǒ dǎsuan fàngle jià jiù qù lǚxíng.

他站起来拉开门走了。 그가 일어나서 문을 열고 나갔다.
Tā zhànqǐlai lākāi mén zǒu le.

③ 방식을 나타내는 연동문

첫 번째 동사가 두 번째 동사의 방식임을 나타낸다.

我每天坐地铁上班。 나는 날마다 지하철을 타고 출근한다.
Wǒ měitiān zuò dìtiě shàngbān.

我们打车去学校吧。 우리 택시를 타고 학교에 가자.
Wǒmen dǎchē qù xuéxiào ba.

请你用汉语翻译一下。 중국어로 좀 번역해 주세요.
Qǐng nǐ yòng Hànyǔ fānyì yíxià.

④ 유무를 나타내는 연동문

첫 번째 동사가 '有'인 연동문으로 유무를 나타낸다.

我有话跟你说。 나는 너한테 할 말이 있다.
Wǒ yǒu huà gēn nǐ shuō.

我有个问题要请教你。 나는 너에게 할 질문이 있다.
Wǒ yǒu ge wèntí yào qǐngjiào nǐ.

我没有时间参加活动。 나는 활동에 참가할 시간이 없다.
Wǒ méiyou shíjiān cānjiā huódòng.

大学生们没有机会创业。 대학생들이 창업할 기회가 없다.
Dàxuéshēngmen méiyou jīhuì chuàngyè.

실력 쑥쑥

1 부사와 조동사의 위치

연동문에서 부사와 조동사는 첫 번째 동사 앞에 위치한다.

我没去酒吧喝酒。 나는 술집에 가서 술을 마시지 않았다.
Wǒ méi qù jiǔbā hē jiǔ.

你应该去医院看看。 너는 병원에 가봐야 한다.
Nǐ yīnggāi qù yīyuàn kànkan.

我想去公园散散步。 나는 공원에 가서 산책을 좀 하고 싶다.
Wǒ xiǎng qù gōngyuán sànsan bù.

2 동태조사의 위치

목적을 나타내는 연동문에서 동태조사 '了, 过'는 두 번째 동사 뒤에 위치한다.

上个暑假我去中国旅行了。 지난 여름 방학에 나는 중국에 여행 갔다.
Shàng ge shǔjià wǒ qù Zhōngguó lǚxíng le.

我去超市买了一些零食。 나는 마트에 가서 간식거리를 조금 샀다.
Wǒ qù chāoshì mǎile yìxiē língshí.

他来办公室找过你。 그가 너를 찾으러 사무실에 온 적이 있다.
Tā lái bàngōngshì zhǎoguo nǐ.

연습 톡톡

1 주어진 단어로 교체하여 말하면서 적어 보세요.

1) 我去健身房锻炼身体。[电影院-看电影 / 机场-接客人 / 美术馆-看展览]

_____

2) 我没有时间回信。[机会-去中国 / 事情-做 / 钱-买房子]

_____

3) 他坐飞机去上海。[坐高铁-北京 / 骑自行车-学校 / 走着-地铁站]

_____

4) 我打算下了课就去见朋友。[下班-参加聚会 / 放假-打工 / 毕业-找工作]

_____

2 틀린 부분을 고쳐 보세요.

1) 我工作以前去过美国旅行。

_____

2) 他昨天放学后去了同学家玩。

_____

3) 他下班了就去幼儿园接孩子。

_____

4) 你常回老家应该看看父母。

_____

5) 外国人不习惯吃饭用筷子。

_____

3 다음 문장을 중국어로 옮겨 보세요.

1) 그는 요즈음 바빠서 신체 단련을 할 시간이 없다.
   _____

2) 내가 아침에 일어난 후에 운전을 해서 그녀를 공항까지 배웅했다.
   _____

3) 대학을 졸업하고 나서 그는 바로 스스로 회사 하나를 차렸다.
   _____

4) 지난 여름에 나는 그와 둘이서 함께 항주에 여행하러 갔었다.
   _____

5) 나는 방학을 하고 바로 무역회사에 가서 실습을 할 계획이다.
   _____

어휘
接 jiē 마중하다, 맞이하다　美术馆 měishùguǎn 미술관　回信 huíxìn 답장하다　地铁站 dìtiězhàn 전철역, 지하철역
美国 Měiguó 미국　放学 fàngxué 하교하다, 학교가 파하다　幼儿园 yòu'éryuán 유치원, 유아원　老家 lǎojiā 고향
锻炼 duànliàn 단련하다　贸易 màoyì 무역

2. 겸어문(兼语文)

겸어문은 문장 하나에 두 개의 서술어가 있고, 첫 번째 서술어(동사)의 목적어가 두 번째 서술어(동사)의 주어를 겸하는 성분인 '겸어'를 포함하는 문장을 가리킵니다. 예를 들면 "我让她去买东西(Wǒ ràng tā qù mǎi dōngxi)" 여기서 '她'는 첫 번째 동사인 '让'의 목적어이며 동시에 두 번째 동사 '买'의 주어를 겸하고 있습니다. 그러면, 겸어문의 특징과 용법을 알아봅시다.

기초 탄탄

1 겸어문의 유형

1) 사역의 의미를 갖는 동사로 구성된 겸어문

자주 쓰이는 동사: 请, 叫, 让, 使, 派, 要求, 安排, 邀请 등

妈妈让我打扫房间。 엄마가 나에게 방을 청소하라고 했다.
Māma ràng wǒ dǎsǎo fángjiān.

他叫你去一趟他的办公室。 그가 너에게 그의 사무실에 한 번 다녀오라고 했다.
Tā jiào nǐ qù yí tàng tā de bàngōngshì.

朋友请我参加生日晚会。 친구가 나를 생일파티에 초대했다.
Péngyou qǐng wǒ cānjiā shēngrì wǎnhuì.

公司派他去国外工作。 회사가 그를 파견하여 해외에 가서 일하도록 했다.
Gōngsī pài tā qù guówài gōngzuò.

这件事情使他很失望。 이 일은 그를 실망시켰다.
Zhè jiàn shìqíng shǐ tā hěn shīwàng.

老师要求学生按时交作业。 선생님은 학생에게 제때 과제를 제출하라고 요구했다.
Lǎoshī yāoqiú xuésheng ànshí jiāo zuòyè.

2) 첫 번째 동사가 '是, 有'인 겸어문

是他帮我解决了问题。 그가 나를 도와 문제를 해결했다.
Shì tā bāng wǒ jiějuéle wèntí.

他有个女儿很可爱。 그는 딸이 하나 있는데 아주 귀엽다.
Tā yǒu ge nǚ'ér hěn kě'ài.

我有个朋友在美国留学。 나는 미국에서 유학 중인 친구가 하나 있다.
Wǒ yǒu ge péngyou zài měiguó liúxué.

❷ 겸어문의 부정형

일반적으로 첫 번째 서술어 앞에 부정부사 '不'나 '没(有)'를 사용한다.

爸爸不让我玩游戏。 아버지가 나에게 게임을 하지 말라고 했다.
Bàba bú ràng wǒ wán yóuxì.

他没请我去看话剧。 그는 연극 보러 가는 데에 나를 초대하지 않았다.
Tā méi qǐng wǒ qù kàn huàjù.

没有人会相信你的话。 너의 말을 믿을 사람이 없다.
Méiyou rén huì xiāngxìn nǐ de huà.

没有朋友可以帮助我。 나를 도와줄 친구가 없다.
Méiyou péngyou kěyǐ bāngzhù wǒ.

❸ 겸어문의 특징

1) 조사 '了, 过'는 두 번째 서술어 뒤에 사용한다.

昨天他请我吃了顿饭。(○) 어제 그가 나에게 밥을 한 끼 사줬다.
Zuótiān tā qǐng wǒ chīle dùn fàn.

昨天他请了我吃顿饭。(✕)

我让他买了包方便面。(○) 내가 그 사람에게 라면을 하나 사라고 했다.
Wǒ ràng tā mǎile bāo fāngbiànmiàn.

我让了他买包方便面。(✕)

他以前请我喝过咖啡。(○) 그가 전에 커피를 사준 적이 있다.
Tā yǐqián qǐng wǒ hēguo kāfēi.

他以前请过我喝咖啡。(✕)

2) 조동사는 일반적으로 첫 번째 동사 앞에 위치한다.

我**想**叫你陪我玩游戏。（○） 나는 너에게 같이 게임하자고 하고 싶었다.
Wǒ xiǎng jiào nǐ péi wǒ wán yóuxì.

我叫你想陪我玩游戏。（×）

这个消息**会**让他感到很高兴。（○） 이 소식은 그를 기쁘게 할 것이다.
Zhè ge xiāoxi huì ràng tā gǎndào hěn gāoxìng.

这个消息让他会感到很高兴。（×）

실력 쑥쑥

1 '别'의 위치

'하지 말라'는 의미를 가지고 있는 부정부사 '别'는 두 번째 동사 앞에도 쓸 수 있다.

我让你**别**玩手机，你怎么还在玩？
Wǒ ràng nǐ bié wán shǒujī, nǐ zěnme hái zài wán?

내가 너한테 핸드폰을 가지고 놀지 말라고 했는데 왜 아직도 놀고 있니?

他让我**别**生气，可我做不到。
Tā ràng wǒ bié shēngqì, kě wǒ zuò bu dào.

그가 나에게 화내지 말라고 했는데 나는 그렇게 하지 못한다.

2 '让'의 다른 의미

'让'은 '양보하다'는 뜻으로도 쓰인다.

劳驾，**让**我一下。 실례하지만 좀 비켜주세요.
Láojià, ràng wǒ yíxià.

麻烦你给这位老人**让**个座儿。 실례하지만 이 노인분에게 자리를 좀 양보해 주세요.
Máfan nǐ gěi zhè wèi lǎorén ràng ge zuòr.

연습 톡톡

1 주어진 단어로 교체하여 말하면서 적어 보세요.

1) 老师让我回答问题。[父母-努力学习 / 朋友-帮助他 / 孩子-陪他玩]

2) 朋友请我看了一场电影。[吃-一顿烤肉 / 参加-一个晚会 / 喝-一杯咖啡]

3) 有个人在外面叫你。[朋友-要搬家了 / 同学-是公司老板 / 同事-找我谈工作]

4) 那件事情使我很生气。[他的话-感动 / 这个消息-高兴 / 这次成绩-失望]

2 틀린 부분을 고쳐 보세요.

1) 我让你能学会游泳。

2) 妈妈让我不跟他谈恋爱。

3) 不有一个人真正地爱我。

4) 他上周请了我看一场演唱会。

5) 公司派他想去中国分公司工作。

3 다음 문장을 중국어로 옮겨 보세요.

1) 누가 당신에게 이렇게 하라고 했어요?
   _____

2) 부모님은 그에게 이 대학을 지원하지 말라고 했다.
   _____

3) 내가 그 사람에게 이번 여행 일정을 짜라고 했다.
   _____

4) 그가 너더러 떠나지 말고 그의 곁에 있으라고 했어.
   _____

5) 친구가 나에게 그를 도와 상황을 알아봐 달라고 했다.
   _____

어휘 场 chǎng 번, 회   顿 dùn 끼니, 번, 차례   老板 lǎobǎn 사장   感动 gǎndòng 감동하다, 감동시키다
成绩 chéngjì 성적, 성과   失望 shīwàng 실망하다   谈恋爱 tán liàn'ài 연애하다   分公司 fēngōngsī 지점, 계열 회사
日程 rìchéng 일정

3. 존현문(存现文)

어떤 장소에 어떤 사람 혹은 사물이 존재하거나 출현하거나 소실되는 것을 나타내는 문장을 존현문이라고 합니다. 존현문의 중점은 '비한정적인 대상'의 존재와 출현을 표현하는 데에 있기 때문에 이 대상은 일반적으로 수량구조의 수식을 받습니다. 그럼 존현문의 특징과 용법을 아래 설명을 통해서 알아볼까요?

기초 탄탄

기본 구조: 장소/시간+동사(존재/출현/소실)+비한정적인 사람/사물

존현문의 3가지 유형

1. 존재를 나타내는 존현문

1) 장소+是/有+비한정적인 사람/사물

我家后边**是**一个公园。 우리 집 뒤쪽은 공원이다.
Wǒ jiā hòubian shì yí ge gōngyuán.

包里**是**书，没别的东西。 가방 안에는 책이며 다른 물건이 없다.
Bāoli shì shū, méi bié de dōngxi.

房间里**有**一个人。 방 안에 사람이 하나 있다.
Fángjiānli yǒu yí ge rén.

学校附近**有**一家便利店。 학교 근처에 편의점이 있다.
Xuéxiào fùjìn yǒu yī jiā biànlìdiàn.

2) 장소+동사+着+비한정적인 사람/사물

桌子上**放**着几本书。 탁자 위에 책이 몇 권 놓여 있다.
Zhuōzishang fàngzhe jǐ běn shū.

门口停着一辆汽车。 입구에 차 한 대가 주차되어 있다.
Ménkou tíngzhe yí liàng qìchē.

墙上贴着一张海报。 벽에 포스터 한 장이 붙어 있다.
Qiángshang tiēzhe yī zhāng hǎibào.

教室里坐着几个学生。 교실 안에 학생 몇 명이 앉아 있다.
jiàoshìli zuòzhe jǐ ge xuésheng.

자주 쓰는 동사들: 坐, 站, 躺, 拿, 飘, 放, 挂, 贴, 画, 插, 写 등

② 출현을 나타내는 존현문

형식: 장소/시간+동사(출현)+了/보어+존재하는 사람이나 사물

昨晚发生了一起事故。 어젯밤에 사고가 발생했다.
Zuówǎn fāsheng le yì qǐ shìgù.

昨天我家来了一位客人。 어제 우리 집에 손님 한 분이 오셨다.
Zuótiān wǒ jiā láile yí wèi kèrén.

前边开来一辆汽车。 앞에 차 한 대가 온다.
Qiánbiān kāilái yí liàng qìchē.

那边跑过来一只小狗。 저기에서 강아지 한 마리가 뛰어온다.
Nàbian páoguòlai yì zhī xiǎo gǒu.

③ 소실을 나타내는 존현문

형식: 장소+동사(소실)+了/보어+존재하는 사람이나 사물

房间里少了一把椅子。 방 안에 의자 하나가 없어졌다.
Fángjiānli shǎole yì bǎ yǐzi.

鱼缸里死了一条小鱼。 어항 안에 물고기 한 마리가 죽었다.
Yúgāngli sǐle yì tiáo xiǎoyú.

那家商店丢了不少东西。 그 상점에는 적지 않은 물건이 없어졌다.
Nà jiā shāngdiàn diūle bùshǎo dōngxi.

我们楼搬走了一户人家。 우리 아파트에 한 세대가 이사 갔다.
Wǒmen lóu bānzǒule yí hù rénjiā.

자주 쓰는 동사들: 出现, 发生, 来, 走, 掉, 刮, 死, 丢, 少, 跑, 没 등

실력 쑥쑥

1. 주어의 제한

존현문의 경우 문장 앞에 출현하는 주어(장소, 시간) 앞에는 전치사를 사용할 수 없다. 보통 명사인 경우는 반드시 '上, 里'와 같은 방위사를 같이 사용하여 장소명사화해야 한다.

书桌上放着一台电脑。(○) 책상 위에 컴퓨터 한 대가 놓여 있다.
Shūzhuōshang fàngzhe yì tái diànnǎo.

在书桌子放着一台电脑。(✕)

手机里存着很多照片。(○) 핸드폰 안에 많은 사진이 저장되어 있다.
Shǒujīli cúnzhe hěn duō zhàopiàn.

手机存着很多照片。(✕)

2. 목적어의 제한

존현문의 목적어가 비한정적인 사람이나 사물이므로 그 앞에는 수량사가 출현하는 것이 일반적이다.

前边开过来**一辆车**。(○) 앞에 차 한 대가 온다.
Qiánbiān kāiguòlai yí liàng chē.

前边开过来那辆车。(✕)

你的衣服挂在**衣柜里**。 너의 옷이 옷장에 걸려 있다.
Nǐ de yīfu guàzài yīguìli.

衣柜里挂着**几件衣服**。(○) 옷장 속에 옷 몇 벌이 걸려 있다.
Yīguìli guàzhe jǐ jiàn yīfu.

衣柜里挂着你的衣服。(✕)

연습 톡톡

1 주어진 단어로 교체하여 말하면서 적어 보세요.

1) 我的包里有一包餐巾纸。

　[公司附近-很多餐厅 / 小区前边-一家咖啡馆 / 地上-很多水]

　_____

2) 桌子上放着一盘菜。

　[门口-挂-一块牌子 / 黑板上-写-一些字 / 瓶里-插-一朵花]

　_____

3) 公寓楼搬走了一户人家。

　[树上-掉下-一片叶子 / 钱包里-少-几万块钱 / 他们家-死-一只猫]

　_____

4) 我们班新来了一个学生。

　[对面-走过来-一位老人 / 天空中-飞来-几只鸟 / 海上-出现-一只船]

　_____

2 틀린 부분을 고쳐 보세요.

1) 前边走过来那个漂亮的女孩。

　_____

2) 那张桌子上有你的手册。

　_____

3) 手提包放着一些化妆品。

　_____

4) 在昨天高速公路上出了一起交通事故。
___

5) 我的电脑存着很多文件。
___

3 다음 문장을 중국어로 옮겨 보세요.

1) 직원 한 명이 우리 사무실을 떠났다.
___

2) 서점에 한 무더기의 책이 새로 들어왔다.
___

3) 그 소파 위에 한 사람이 누워 있다.
___

4) 지난주에 우리 단지에 화재가 발생했다.
___

5) 방 안에서 양복을 입은 남자 한 명이 걸어서 나왔다.
___

어휘

餐巾纸 cānjīnzhǐ 냅킨　盘 pán 접시　黑板 hēibǎn 칠판　插 chā 꽂다, 끼우다　叶子 yèzi 나뭇잎　船 chuán 배
掉下 diào xia 떨어지다, 떨어뜨리다　手提包 shǒutíbāo 핸드백　化妆品 huàzhuāngpǐn 화장품　高速公路 gāosùgōnglù 고속도로　文件 wénjiàn 파일　沙发 shāfā 소파　小区 xiǎoqū 단지　西装 xīzhuāng 양복

4. '把'자문

목적어를 전치사 '把'로 동사 앞에 둠으로써 부사어의 역할을 하게 하는 구조를 '把'자문이라고 합니다. '把'자문은 목적어인 사람이나 사물에 외부로부터 어떤 행위나 처치를 가하고 영향을 일으켜 생긴 변화나 결과를 강조하는 구문입니다.

기초 탄탄

1 결과 강조

어떤 동작을 통해 어떤 결과가 생겨나도록 만든다는 의미를 나타낸다.

我把衣服洗干净了。 나는 옷을 깨끗이 빨래했다.
Wǒ bǎ yīfu xǐgānjìng le.

妈妈已经把饭做好了。 엄마는 이미 밥을 다하셨다.
Māma yǐjīng bǎ fàn zuòhǎo le.

他把电脑修好了。 그가 컴퓨터를 고쳤다.
Tā bǎ diànnǎo xiūhǎo le.

2 변화 강조

1) 위치의 변화1

동작을 통해 사물의 위치가 이동됨을 표현한다.

我把汽车停在门口了。 나는 자동차를 입구에 주차했다.
Wǒ bǎ qìchē tíngzài ménkou le.

他把手机忘在家里了。 그가 핸드폰을 집에 두고 왔다.
Tā bǎ shǒujī wàngzài jiāli le.

我把她送到了机场。 나는 그녀를 공항까지 데려다줬다.
Wǒ bǎ tā sòngdàole jīchǎng.

你把这张桌子搬到外面去。 네가 이 탁자를 밖으로 옮기거라.
Nǐ bǎ zhè zhāng zhuōzi bāndào wàimian qù.

2) 위치의 변화2

동작을 통해 사물이 어떤 대상에게 전달됨을 표현한다.

我把照片发给朋友了。 나는 사진을 친구에게 보냈다.
Wǒ bǎ zhàopiàn fāgěi péngyou le.

我把照相机借给别人了。 나는 카메라를 다른 사람에게 빌려줬다.
Wǒ bǎ zhàoxiàngjī jiègěi biéren le.

3) 대상의 상태 변화

동작을 통해 사람 혹은 사물에 어떤 변화가 발생함을 나타낸다.

我想把韩元换成人民币。 나는 한국 돈을 인민폐로 환전하고 싶다.
Wǒ xiǎng bǎ Hányuán huànchéng Rénmínbì.

他把那本小说翻译成了中文。 그가 그 소설을 중국어로 번역했다.
Tā bǎ nà běn xiǎoshuō fānyìchéng le Zhōngwén.

명령문에서는 '把'자문을 자주 사용한다

1) ~把+명사+동사+보어

快把窗户关上。 빨리 창문을 닫아라.
Kuài bǎ chuānghu guānshang.

大家把书拿出来。 여러분 책을 꺼내세요.
Dàjiā bǎ shū náchūlai.

你把房间收拾一下。 너는 방을 좀 청소해라.
Nǐ bǎ fángjiān shōushi yíxià.

2) ~把+명사+동사중첩

快把书整理整理。 빨리 책을 좀 정리해라.
Kuài bǎ shū zhěnglizhěngli.

把买来的水果洗一洗。 사온 과일을 좀 씻어라.
Bǎ mǎilái de shuǐguǒ xǐ yi xǐ.

3) ~把+명사+동사+了

去把垃圾扔了。 가서 쓰레기를 버려.
Qù bǎ lājī rēng le.

快把那件事情忘了。 그 일을 빨리 잊어라.
Kuài bǎ nà jiàn shíqíng wàng le.

이 경우의 '了'는 '~ 해 버리다(掉)'의 의미이다.

실력 쑥쑥

1 목적어

'把'의 목적어는 한정적인(화자와 청자가 이미 알고 있는) 것만 출현 가능하다. 비한정적인 대상이 올 수 없다.

我把那本书借给他了。(○) 나는 그 책을 그에게 빌려줬다.
Wǒ bǎ nà běn shū jiègěi tā le.

我把一本书借给他了。(×)

2 동사 뒤 수반성분

술어동사 뒤에 보어, 목적어, 조사, 중첩 등 다른 성분이 있어야 한다.

别把钱丢了！(○) 돈을 잃어버리지 마라.
Bié bǎ qián diū le.

别把钱丢！(×)

3 수식성분

부정부사, 조동사, 시간부사는 '把' 앞에 위치해야 한다.

我没把孩子带来。(○) 나는 아이를 데리고 오지 않았다.
Wǒ méi bǎ háizi dàilai.

我把孩子没带来。(×)

他还没把房子卖掉。（〇） 그는 아직 집을 팔지 않았다.
Tā hái méi bǎ fángzi màidiào.

他还把房子没卖掉。（X）

今天你能把事情做完吗？（〇） 오늘 너는 일을 다할 수 있니?
Jīntiān nǐ néng bǎ shìqíng zuòwán ma?

今天你把事情能做完吗？（X）

我想把这个纪念品送给你。（〇） 나는 이 기념품을 너에게 선물로 주고 싶다.
Wǒ xiǎng bǎ zhè ge jìniànpǐn sònggěi nǐ.

我把这个纪念品想送给你。（X）

他已经把我忘了。（〇） 그는 이미 나를 잊었다.
Tā yǐjīng bǎ wǒ wàng le.

他把我已经忘了。（X）

你先把桌子擦一下。（〇） 너 먼저 탁자를 좀 닦아라.
Nǐ xiān bǎ zhuōzi cā yíxià.

你把桌子先擦一下。（X）

④ 가능보어 불가

가능보어는 가능성을 나타내므로 '把'자문에서 쓸 수 없다.

我做不完这些作业。（〇） 나는 이 숙제들을 다할 수 없다.
Wǒ zuò bu wán zhèxiē zuòyè.

我把这些作业做不完。（X）

⑤ 동사의 제한

판단, 감각, 인지, 심리, 방향을 나타내는 동사들은 '把'자문에서 쓸 수 없다. '是, 像, 知道, 认识, 懂, 同意, 喜欢, 来, 去' 등이 있다.

老师同意了我的计划。（〇） 선생님은 내 계획에 동의하셨다.
Lǎoshī tóngyì le wǒ de jìhuà.

老师把我的计划同意了。（X）

연습 톡톡

1 주어진 단어로 교체하여 말하면서 적어 보세요.

1) 快把电视 关上。[空调-打开 / 电话-挂了 / 礼物-打开]
   _____

2) 他把眼镜 打碎了。[信用卡-弄丢 / 衣服-弄脏 / 桌子-收拾干净]
   _____

3) 我把水果 放到冰箱里 了。[邮件-发给他 / 画儿-挂在墙上 / 他-当成哥哥]
   _____

4) 我没把小说 看完。[护照-弄丢 / 房子-卖掉 / 号码-记下来]
   _____

2 틀린 부분을 고쳐 보세요.

1) 我把一双运动鞋洗干净了。
   _____

2) 他把我的话听不明白。
   _____

3) 你可以把这些旧衣服扔。
   _____

4) 他把借的钱没还给我。
   _____

5) 我把这本小说想翻成韩语。
   _____

3 다음 문장을 중국어로 옮겨 보세요.

1) 나는 이미 돈을 은행에 저금했다.
   _____

2) 그는 부주의해서 컵을 깨뜨렸다.
   _____

3) 나는 학우에게 노트북컴퓨터를 빌려주었다.
   _____

4) 고기가 다 익으면 접시에 담으세요.
   _____

5) 그는 아직 가지고 갈 짐을 다 준비하지 못했다.
   _____

어휘 关上 guānshàng 끄다, 닫다   挂 guà (전화를) 끊다   打碎 dǎsuì 깨지다, 부수다   弄脏 nòngzāng 더럽히다
旧 jiù 낡다, 오래 되다   熟 shú 익다   盘子 pánzi 접시   行李 xíngli 짐

5. '被'자문

전치사 '被' 혹은 '叫/让'로 동작 행위의 주체를 이끌어 내어 부사어로 삼는 문장 형식을 말합니다. 예를 들면 "我被他骗了(Wǒ bèi tā piàn le 내가 그 사람에게 속았다)"처럼 '被'를 사용하여 '~에 의해 ~되다'라는 피동의 의미를 나타냅니다.

기초 탄탄

기본 구조: 수동사+被/叫/让+행위자+동사+기타 성분

他被自行车撞倒了。 그가 자전거에 부딪혀서 넘어졌다.
Tā bèi zìxíngchē zhuàngdǎo le.

衣服叫雨淋湿了。 옷이 비에 젖었다.
Yīfu jiào yǔ línshī le.

他的钱包让人偷走了。 누가 그의 지갑을 훔쳐 갔다.
Tā de qiánbāo ràng rén tōuzǒu le.

1 동사+기타성분

동사는 단독으로 사용할 수 없고 뒤에 보어 또는 조사 '了, 过' 등이 출현해야 한다.

杯子叫他打破了。 컵은 그가 깨뜨렸다.
Bēizi jiào tā dǎpò le.

他被老师批评过。 그는 선생님에게 질책을 당한 적이 있다.
Tā bèi lǎoshī pīpíngguo.

孩子被妈妈打了。 아이가 엄마에게 매를 맞았다.
Háizi bèi māma dǎ le.

2 행위자의 생략

피동표지 '被'는 행위자를 생략할 수 있지만 '叫/让' 뒤에서는 행위자를 생략할 수 없다.

他昏倒了，被送进了医院。 그가 혼절해서 병원으로 이송되었다.
Tā hūndǎo le, bèi sòngjìn le yīyuàn.

那个秘密终于被发现了。 그 비밀은 결국 드러났다.
Nà ge mìmì zhōngyú bèi fāxiàn le.

李明让学校开除了。（○） 리밍은 학교에서 제적당했다.
Lǐmíng ràng xuéxiào kāichú le.

李明让开除了。（X）

我的车叫朋友借走了。（○） 내 차는 친구가 빌려 갔다.
Wǒ de chē jiào péngyou jièzǒu le.

我的车叫借走了。（X）

3 조동사, 부사의 위치

조동사, 부사는 일반적으로 피동표지 앞에 위치해야 한다.

大树没被风刮倒。（○） 큰 나무가 바람에 쓰러지지 않았다.
Dàshù méi bèi fēng guādǎo.

大树被风没刮倒。（X）

这样做，会被人笑话。（○） 이렇게 하면 다른 사람에게 놀림을 당할 것이다.
Zhèyàng zuò, huì bèi rén xiàohuà.

这样做，被人会笑话。（X）

短信已经被他删掉了。（○） 메시지는 이미 그에 의해 삭제됐다.
Duǎnxìn yǐjing bèi tā shuāndiào le.

短信被他已经删掉了。（X）

4 주어의 특징

피동문의 주어는 일반적으로 한정적인 사람이나 사물이다.

我的包被他拿走了。（○） 내 가방은 그가 가지고 갔다.
Wǒ de bāo bèi tā ná zǒu le.

一个包被他拿走了。（X）

실력 쑥쑥

1. 의미상의 '被'자문

피동표지 '被, 叫, 让'을 사용하지 않은 '被'자문은 주로 부정적인 의미를 나타내지 않는 경우에 사용한다.

东西都准备好了。 물건은 다 준비되었다.
Dōngxi dōu zhǔnbèi hǎo le.

碗已经洗好了。 그릇은 이미 다 씻었다.
Wǎn yǐjīng xǐhǎo le.

钱已经都花光了。 돈은 이미 다 썼다.
Qián yǐjīng dōu huāguāng le.

2. '让/叫'의 용법

'让/叫'는 사동용법과 피동용법을 모두 가지고 있다.

1) 사동용법

妈妈叫他准备晚饭。 엄마는 그에게 저녁을 준비하라고 했다.
Māma jiào tā zhǔnbèi wǎnfàn.

老师让他布置会场。 선생님은 그에게 회의장을 세팅하라고 했다.
Lǎoshī ràng tā bùzhì huìchǎng.

2) 피동용법

手机叫他摔坏了。 핸드폰은 그가 떨어뜨려 망가뜨렸다.
Shǒujī jiào tā shuāihuài le.

他让警察抓走了。 그는 경찰에 잡혀갔다.
Tā ràng jǐngchá zhuāzǒu le.

③ 조사 '给'의 사용

'被'자문에서 술어동사 앞에 조사 '给'를 사용하면 부정적인 의미를 더 강하게 한다.

我被人给骗了。 나는 사람에게 속았다.
Wǒ bèi rén gěi piàn le.

我的衣服叫他给弄脏了。 내 옷은 그가 더럽혔다.
Wǒ de yīfu jiào tā gěi nòngzāng le.

我的手让狗给咬了。 내 손은 개에게 물렸다.
Wǒ de shǒu ràng gǒu gěi yǎo le.

연습 톡톡

1 주어진 단어로 교체하여 말하면서 적어 보세요.

1) 他被人<u>抓走</u>了。[骂 / 骗 / 打伤]
   _____

2) <u>树</u>被<u>刮倒</u>了。[孩子-打哭 / 犯人-抓住 / 房子-卖掉]
   _____

3) 我的<u>电脑</u>叫他<u>弄坏</u>了。[信用卡-弄丢 / 裙子-弄破 / 耳机-弄没]
   _____

4) 我的<u>话</u>没被他<u>听见</u>。[秘密-发现 / 眼镜-打碎 / 杂志-拿走]
   _____

2 틀린 부분을 고쳐 보세요.

1) 我新买的手表叫摔坏了。
   _____

2) 他今天被老师没批评。
   _____

3) 一个孩子被人绑架了。
   _____

4) 小张被公司已经解雇了。
   _____

5) 我的数码相机被孩子坏了。
   _____

3 다음 문장을 중국어로 옮겨 보세요.

1) 도둑이 그의 지갑을 훔쳐갔다.
   _____

2) 그의 다리는 강아지에게 물려 상처가 났다.
   _____

3) 그는 엄마에게 한바탕 야단을 맞았다.
   _____

4) 내 선글라스는 그가 떨어뜨려서 망가졌다.
   _____

5) 그는 사람을 다치게 해서 결국 학교에서 제적당했다.
   _____

어휘 骗 piàn 속이다, 속여 빼앗다 犯人 fànrén 범인 抓住 zhuā zhu 붙잡다, 사로잡다 耳机 ěrjī 이어폰 绑架 bǎngjià 납치하다, 인질로 잡다 解雇 jiěgù 해고하다 数码相机 shùmǎxiàngjī 디지털카메라 太阳镜 tàiyángjìng 선글라스

memo

13

복문

1. 병렬복문
2. 종속복문

1. 병렬복문

의미상 관계가 깊은 두 개 혹은 두 개 이상의 단문으로 구성되어 하나의 완정한 의미를 나타내는 문장을 복문이라 합니다. 몇 가지 일을 설명하거나 동일 사물의 몇 가지 면을 묘사하되 접속사로 연결하여 그들의 대등한 관계를 나타내는 복문을 병렬복문이라 합니다. 선행절과 후행절의 문법 의미상의 관계에 따라 4가지 유형으로 분류할 수 있습니다.

기초 탄탄

1 병렬관계

두 절은 대등한 관계이며 주로 어떤 상황에 대해 묘사한다.

一边 ~ 一边

~하면서 ~하다

她们一边喝咖啡，一边聊天。 그녀들은 커피를 마시면서 이야기를 나눈다.
Tāmen yìbiān hē kāfēi, yìbiān liáotiān.

他一边慢跑，一边戴着耳机听音乐。 그가 조깅을 하면서 이어폰을 끼고 음악을 듣는다.
Tā yìbiān mànpǎo, yìbiān dàizhe ěrjī tīng yīnyuè.

又 ~ 又

~하기도 하고 ~하기도 하다

网上购物又省钱，又省时间。 인터넷 쇼핑은 돈도 아끼고 시간도 아낀다.
Wǎngshang gòuwù yòu shěng qián, yòu shěng shíjiān.

我又爱他，又恨他。 나는 그 사람을 사랑하기도 하고 미워하기도 한다.
Wǒ yòu ài tā, yòu hèng tā.

既~又 / 也~

~하기도 하고 ~할 뿐만 아니라, ~하기도 하다

他既是我的老师，又是我的朋友。 그는 나의 스승이자 또한 나의 친구이다.
Tā jì shì wǒ de lǎoshī, yòu shì wǒ de péngyou.

他既会说英语，也会说汉语。 그는 영어도 할 줄 알고 중국어도 할 줄 안다.
Tā jì huì shuō yīngyǔ, yě huì shuō Hànyǔ.

❷ 순차관계

선후 순서에 따라 몇 가지 동작이나 사건이 발생함을 나타낸다.

先~然后 / 再~

먼저~하고 ~그 다음에 ~하다

我们先谈恋爱，然后结婚。 우리는 먼저 연애하고 나중에 결혼한다.
Wǒmen xiān tán liànài, ránhou jiéhūn.

我先去运动一会儿，再去吃饭。 나는 우선 운동을 잠깐 하고 나중에 밥 먹으러 간다.
Wǒ xiān qù yùndòng yíhuìr, zài qù chīfàn.

她先去洗手，然后再换上居家服。 그녀는 먼저 손을 씻고 난 후 편안한 옷으로 갈아입는다.
Tā xiān qù xǐshǒu, ránhou zài huànshàng jūjiāfú.

一~就~

~하자마자 ~하다

我一接到你的电话，就赶来了。 나는 너의 전화를 받자마자 바로 달려왔다.
Wǒ yì jiēdào nǐ de diànhuà, jiù gǎnlái le.

我一放暑假，就去学开车。 나는 여름방학을 하자마자 운전을 배우러 간다.
Wǒ yí fàng shǔjià, jiù qù xué kāichē.

❸ 점층관계

후행절은 선행절이 나타내는 의미보다 더 심화된 내용을 나타낸다.

不但 / 不仅~，而且~

~뿐만 아니라 (또한) ~하다

智能手机**不但**可以打电话，**而且**还可以支付、上网、玩游戏。
Zhìnéng shǒujī búdàn kěyǐ dǎ diànhuà, érqiě hái kěyǐ zhīfù, shàngwǎng, wán yóuxì.

스마트폰은 전화를 걸 수 있을 뿐만 아니라 결제, 인터넷, 게임도 할 수 있다.

去中国学习，**不仅**提高了汉语水平，**而且**了解了更多的中国文化。
Qù Zhōngguó xuéxí, bùjǐn tígāole Hànyǔ shuǐpíng, érqiě liǎojiéle gèng duō de Zhōngguó wénhuà.

중국에 가서 공부하는 것이 중국어 수준을 향상시켰을 뿐만 아니라 중국문화를 더 많이 이해하게 되었다.

❹ 선택관계

두 절 중의 하나를 선택하는 것을 나타낸다.

不是~而是~

~이 아니라 ~이다

不是我不想去，**而是**我没有时间去。
Búshì wǒ bù xiǎng qù, éshì wǒ méiyou shíjiān qù.

내가 가고 싶지 않은 것이 아니라 갈 시간이 없어서 그런 것이다.

我的理财方式**不是**炒股，**而是**投资房地产。
Wǒ de lǐcái fāngshì búshì chǎogǔ, éshì tóuzī fángdìchán.

나의 재테크 방식은 주식을 하는 것이 아니라 부동산에 투자하는 것이다.

不是~就是~

~아니면 ~이다

他周末**不是**去见朋友，**就是**在家打游戏。
Tā zhōumò búshì qù jiàn péngyou, jiúshì zài jiā dǎ yóuxì.

그는 주말에 친구를 만나지 않으면 집에서 게임을 한다.

他喜欢运动，不是去打球，就是去爬山。
Tā xǐhuan yùndòng, búshì qù dǎ qiú, jiùshì qù pá shān.

그는 운동을 좋아해서 공을 치러가지 않으면 등산하러 간 것이다.

要么~要么~

~거나 ~거나

要么出去吃，要么叫外买，我都无所谓。
Yàome chūqu chī, yàome jiào wàimài, wǒ dōu wú suǒwèi.

외식하거나 배달을 시키거나 나는 다 괜찮다.

要么坐飞机去，要么坐高铁去，我都可以。
Yàome zuò fēijī qù, yàome zuò gāotiě qù, wǒ dōu kěyǐ.

비행기를 타고 가거나 고속열차를 타고 가거나 나는 다 괜찮다.

실력 쑥쑥

* 긴축문이란 복문의 의미를 단문 형식으로 압축해서 나타내는 문장을 가리킨다. 예를 들면 점층관계를 나타내는 '越~越~'는 긴축문이다.

这孩子越长越可爱。 이 아이는 자랄수록 귀엽다.
Zhè háizi yuè zhǎng yuè kě'ài.

外边雨越下越大。 밖에 비가 갈수록 많이 내린다.
Wàibian yǔ yuè xià yuè dà.

* 순차관계를 나타내는 복문 '先~然后 / 再~'에서 '先'은 주어 뒤에 위치해야 한다.

我们先吃饭，然后再谈工作。(○) 먼저 밥을 먹고 나중에 일에 대해 얘기하자.
Wǒmen xiān chī fàn, ránhou zài tán gōngzuò.

先我们吃饭，然后再谈工作。(✗)

연습 톡톡

1 주어진 단어로 교체하여 말하면서 적어 보세요.

1) 他们一边抽烟，一边谈话。[散步-聊天 / 喝茶-讨论 / 骑车-唱歌]

_____

2) 这本书不但简单，而且很有趣。
[这房间-干净-宽敞 / 这家餐厅的菜-便宜-好吃 / 她男朋友-帅气-能干]

_____

3) 我们要么吃饺子，要么吃面条，都可以。
[坐地铁去-坐公交车去 / 去公园玩-去逛街 / 送饮料-送水果]

_____

4) 我一放假，就跟家人去旅行。
[下班-去幼儿园接孩子 / 下课-去食堂吃饭 / 毕业-去美国留学]

_____

2 올바른 순서로 배열하여 문장을 만들어 보세요.

1) 的　秘书　既　聪明　能干　他　又

_____

2) 一边　妈妈　房间　收拾　一边　唠叨

_____

3) 先　你　再　做　然后　决定　考虑　一下

_____

4) 晚上　就是　玩　不是　看　手机　电视剧　她

_____

5) 一 孩子们 平时 去 就 学习 放学 补习班

3 다음 문장을 중국어로 옮겨 보세요.

1) 내가 돕고 싶지 않은 것이 아니라, 능력이 없어서 돕지 못하는 것이다.

2) 이 시간에 그녀는 집안일을 하고 있거나 마트에서 반찬거리를 사고 있을 것이다.

3) 나는 먼저 일 년 동안 중국어를 학습한 다음에 대학에 들어가 학부과정을 이수할 계획이다.

4) 미디어 전공을 지원하든지 경영학 전공을 지원하든지 네가 관심 있는 분야를 선택해라.

5) 담배 피우는 것은 자기 건강에 해로울 뿐만 아니라 다른 사람 건강에도 해롭다.

抽烟 chōuyān 담배를 피우다   简单 jiǎndān 단순하다, 쉽다, 간단하다   有趣 yǒuqù 흥미 있다, 재미있다   帅气 shuàiqi 멋지다   能干 nénggàn 유능하다   饮料 yǐnliào 음료   秘书 mìshū 비서   唠叨 láodao 잔소리하다, 말을 많이 하다   家务 jiāwù 집안일   本科 běnkē 학부(과정)   传媒 chuánméi 미디어   工商管理 gōngshāngguǎnlǐ 경영학

2. 종속복문

종속복문은 복문을 구성하는 앞뒤 두 개의 절이 대등한 관계에 있지 않고, 주요한 부분과 부차적인 부분으로 구성된 복문을 말합니다. 일반적으로 종속절이 앞쪽에 주절이 뒤쪽에 위치합니다. 의미상의 상관 관계에 따라 구체적으로 6가지 유형으로 세분할 수 있습니다.

기초 탄탄

1 전환 관계

~不过~

~하지만 ~하다

汉语学起来很难，不过很有意思。 중국어는 배우기가 어렵지만 아주 재미있어요.
Hànyǔ xuéqǐlai hěn nán, búguò hěn yǒuyìsi.

这菜看起来不错，不过味道不怎么样。 이 요리는 보기에는 괜찮지만 맛은 별로이다.
Zhè cài kànqǐlai bùcuò, búguò wèidao bù zěnmeyàng.

虽然~，但是 / 可是 / 不过~

비록 ~지만, 그러나 ~하다

他虽然生病了，但是他还是坚持来上课。
Tā suīrán shēngbìng le, dànshì tā háishi jiānchí lái shàngkè.

그는 비록 병에 걸렸지만 그래도 버티며 수업하러 온다.

这款手机虽然很漂亮，但是价格太贵了。
Zhè kuǎn shǒujī suīrán hěn piàoliang, dànshì jiàgé tài guì le.

이 모델의 핸드폰은 예쁘지만 가격이 너무 비싸다.

尽管~, 但是 / 可是~

비록(설령) ~지만(더라도) ~하다

他尽管很忙，但是仍然抽出时间运动。
Tā jǐnguǎn hěn máng, dànshì réngrán chōuchu shíjiān yùndòng.

그가 비록 바쁘지만 여전히 시간을 내서 운동한다.

② 인과 관계

因为~, 所以~

~ 때문에, 그래서 ~하다

因为路上堵车，所以我迟到了。 길에서 차가 막혀서 나는 지각했다.
Yīnwèi lùshang dǔchē, suǒyǐ wǒ chídào le.

因为台风影响，所以航班取消了。 태풍의 영향으로 인해 항공편이 취소되었다.
Yīnwèi táifēng yǐngxiǎng, suǒyǐ hángbān qǔxiāo le.

既然~, 就~

기왕 ~된 이상, ~하다

既然已经晚了，那就不去了。 이왕 이미 늦은 이상 안 가기로 했다.
Jìrán yǐjīng wǎn le, nà jiù bú qù le.

既然你喜欢这个款式，那就买下来。 이런 스타일을 좋아하는 이상 그냥 사세요.
Jìrán nǐ xǐhuan zhè ge kuǎnshì, nà jiù mǎi xiàlai.

③ 가정 관계

如果 / 要是~, 就~

만약~ 하면 ~할 것이다

要是有钱，我就帮助那些贫困学生。 돈이 있으면 나는 그 가난한 학생들을 도와줄 것이다.
Yàoshi yǒu qián, wǒ jiù bāngzhù nàxiē pínkùn xuésheng.

如果有机会，我**就**去参加志愿活动。 기회가 있으면 나는 봉사활동에 참가할 것이다.
Rúguǒ yǒu jīhuì, wǒ jiù qù cānjiā zhìyuàn huódòng.

④ 조건 관계

只有~ 才~

~해야만 비로소 ~하다

只有努力学习，**才**能取得好成绩。
Zhǐyǒu nǔlì xuéxí, cái néng qǔde hǎo chéngjì.

열심히 공부해야 비로소 좋은 성적을 얻을 수 있다.

只有你来帮忙，这个问题**才**能解决。
Zhǐyǒu nǐ lái bāngmáng, zhè ge wèntí cái néng jiějué.

네가 와서 도와주어야만 이 문제는 비로소 해결될 수 있다.

只要~ 就~

~하기만 하면 ~이다

只要他爱我，我**就**跟他结婚。 그가 나를 사랑하기만 하면 나는 그와 결혼할 것이다.
Zhǐyào tā ài wǒ, wǒ jiū gēn tā jiéhūn.

只要你道歉，他**就**会原谅你。 네가 사과하기만 하면 그가 너를 용서할 것이다.
Zhǐyào nǐ dàoqiàn, tā jiù huì yuánliàng nǐ.

不管~ 都 / 也~

~에 관계없이 (모두) ~하다

不管父母同意不同意，我**也**要考研。
Bùguǎn fùmǔ tóngyì bu tóngyì, wǒ yě yào kǎoyán.

부모님께서 동의하시든 안 하시든 나는 대학원에 진학할 것이다.

现在疫情严重，**不管**去哪儿，**都**要戴上口罩。
Xiànzài yìngqíng yánzhòng, bùguǎn qù nǎr, dōu yào dàishàng kǒuzhào.

지금 전염병 유행이 심각하니 어디에 가든 상관없이 모두 마스크를 써야 한다.

5 양보 관계

即使~ 也~

설령 ~하더라도 (그래도) ~하다

即使你不喜欢我，我**也**要留在你身边。
Jǐshǐ nǐ bù xǐhuan wǒ, wǒ yě yào liú zài nǐ shēnbian.

설령 당신이 나를 좋아하지 않더라도 나는 당신 곁에 있을 것이다.

即使有再大的困难，我**也**不会放弃。
Jǐshǐ yǒu zài dà de kùnnán, wǒ yě bú huì fàngqì.

설령 더 큰 어려움이 있더라도 나는 포기하지 않을 것이다.

就是~也~

설령~ 하더라도 (그래도) ~하다

就是父母反对，我**也**要嫁给你。
Jiùshì fùmǔ fǎnduì, wǒ yě yào jiàgěi nǐ.

설령 부모님께서 반대하셔도 나는 너와 결혼할 것이다.

就是条件再差，我**也**会去那儿工作。
Jiùshì tiáojiàn zài chà, wǒ yě huì qù nàr gōngzuò.

설령 여건이 안 좋더라도 나는 거기에 가서 일할 것이다.

6 목적 관계

为 / 为了~

~을/를 위해서 ~하다

为保证安全，请系上安全带。
Wèi bǎozhèng ānquán, qǐng jìshàng ānquándài.

안전을 보증하기 위해 안전벨트를 매세요.

为了控制疫情，政府制定了不少措施。
Wèile kòngzhì yìqíng, zhèngfǔ zhìdìngle bùshǎo cuòshī.

전염병의 확산을 통제하기 위해 정부는 많은 대책을 세웠다.

~为的是

~하는 것은 ~를 위한 것이다

他这么做，为的是不让你替他担心。
Tā zhème zuò, wèideshì bú ràng nǐ tì tā dānxīn.

그가 이렇게 한 것은 네가 그 자신 때문에 걱정하지 않게 하기 위한 것이다.

他努力学习，为的是考上名牌大学。
Tā nǔlì xuéxí, wèideshì kǎoshàng míngpái dàxué.

그가 열심히 공부하는 것은 명문대학에 합격하기 위한 것이다.

실력 쑥쑥

① 부사 '就'의 위치

복문 중 '就'는 후행절의 주어 뒤에 위치해야 한다.

要是明天下雨，我们就不去爬山了。(○)
Yàoshi míngtiān xiàyǔ, wǒmen jiù bú qù pá shān le. 내일 비가 오면 우리는 등산하러 가지 않을 것이다.

要是明天下雨，就我们不去爬山了。(✗)

既然他承认错误了，你就原谅他吧。(○)
Jìrán tā chéngrèn cuòwù le, nǐ jiù yuánliàng tā ba. 이왕 그가 잘못을 인정한 이상 네가 그를 용서해라.

既然他承认错误了，就你原谅他吧。(✗)

② 종속 관계를 나타내는 긴축문

1) 가정 관계

不~ 不~

~하지 않으면 ~하지 않는다

你不把话说清楚就不能走。 네가 말을 명확하게 하지 않으면 가지 못할 것이다.
Nǐ bù bǎ huà shuōqīngchu jiù bú néng zǒu.

没有~ 就没有~

~가 없으면 ~는 없다

没有健康**就没有**快乐的生活。 건강이 없으면 즐거운 생활도 없을 것이다.
Méiyǒu jiànkāng jiù méiyǒu kuàilè de shēnghuó.

2) 양보 관계

不~ 也~

~하지 않더라도 ~하다

你**不**想去**也**得去，没有别的选择。 네가 가고 싶지 않아도 가야 하고 다른 선택이 없다.
Nǐ bù xiǎng qù yě děi qù, méiyǒu bié de xuǎnzé.

再~ 也~

아무리 ~더라도 역시/모두 ~하다

你的婚礼我**再**忙**也**会参加的。 당신의 결혼식은 내가 아무리 바빠도 참가할 것이다.
Nǐ de hūnlǐ wǒ zài máng yě huì cānjiā de.

연습 톡톡

1 주어진 단어로 교체하여 말하면서 적어 보세요.

1) 虽然学的时间不长，但是说得很好。

[玩得很累-觉得很开心 / 工资不高-还是喜欢这个工作 / 考试很难-他考得很不错]

2) 因为天气不好，所以我没去运动。

[感冒得很厉害-没公司上班 / 疫情很严重-呆在家里不出门 / 没有兴趣-不打算报名]

3) 要是有时间，你就陪我去看电影。

[天气好-我们-去游乐园玩/不堵车-我们-能准时到/不戴口罩-你-可能被感染]

4) 只有努力工作，你才能晋升。

[多听多读-提高汉语水平/把烟戒掉-保持身体健康/得到父母同意-参加这次活动]

2 알맞은 접속사로 빈칸을 채워 보세요.

1) _____发生了事故，_____路上车很堵。

2) _____天气好不好，他_____坚持锻炼身体。

3) _____买到火车票，他排了一晚上的队。

4) 他_____长得很帅气，_____工作能力不行。

5) _____不马上住院，他的病情_____会加重。

3 다음 문장을 중국어로 옮겨 보세요.

1) 그는 준수하게 잘생겼지만 성격은 그다지 좋지 않다.
   _____

2) 생활 중에 무슨 어려움이 있으면 언제든지 나에게 연락 주세요.
   _____

3) 그가 나를 도와줬기 때문에 나는 어려운 문제를 순조롭게 해결했다.
   _____

4) 무슨 결정을 내리든지 상관없이 나는 너의 의견을 존중할 것이다.
   _____

5) 운동을 계속하기만 하면 반드시 다이어트 효과에 도달할 수 있다.
   _____

어휘
工资 gōngzī 급여   厉害 lìhai 심하다, 대단하다   疫情 yìqíng 전염병 발생 상황   报名 bàomíng 지원하다
游乐园 yóulèyuán 유원지   口罩 kǒuzhào 마스크   感染 gǎnrǎn 감염하다   晋升 jìnshēng 승진하다
排队 páiduì 줄을 서다, 정렬하다   顺利 shùnlì 순조롭다   效果 xiàoguǒ 효과

연습정답

01 | 간단한 서술문 1

1. 판단의 표현 '是'

2 지시에 따라 문장을 바꾸어 보세요.

1) 你们是好朋友吗?
2) 那本书不是他的。
3) 她不是网红。
4) 你是他的粉丝吗?
5) 他是不是你男朋友?

3 다음 문장을 중국어로 옮겨 보세요.

1) 我们是老同学。
2) 这是不是你的车?
3) 这是你的意见吗?
4) 那台笔记本电脑是他的。
5) 她是我妹妹，不是我女朋友。

2. 소유의 표현 '有'

2 틀린 부분을 찾아 고쳐 보세요.

1) 我包里没有手机。
2) A: 你有哥哥吗? B: 没有。
3) 教室里没有人。(教室里一个人也没有)
4) 明天我们没有课。
5) 你有没有好的办法?

3 다음 문장을 중국어로 옮겨 보세요.

1) 这里有洗手间吗?
2) 他有很多外国朋友。
3) 我们家没有小狗。
4) 你有几个孩子?
5) 今天晚上没有聚会。

3. 존재의 표현 '在'

2 틀린 부분을 찾아 고쳐 보세요.

1) 他在休息室里。
2) 我在家看电视。
3) 桌子上有一杯咖啡。
4) 那本汉语书在她那儿。
5) 他的书包里没有手机。

3 다음 문장을 중국어로 옮겨 보세요.

1) 我的钱包在哪儿?
2) 邮局就在马路对面。
3) 明天我不在家。
4) 桌子上有一台电脑。
5) 她在咖啡馆喝咖啡。

4. 사물의 성질 표현

2 틀린 부분을 찾아 고쳐 보세요.

1) 景色很美。
2) 我爸爸身体很好。
3) 他个子高不高?
4) 你也是学生吗?
5) 东西便宜不便宜?

3 다음 문장을 중국어로 옮겨 보세요.

1) 中国菜很好吃。
2) 这次考试难吗?
3) 今天心情不太好。
4) 外边冷，里边暖和。
5) 那个电影很有意思。

5. 간단한 동작의 서술

2 틀린 부분을 찾아 고쳐 보세요.

1) 他上课迟到了。
2) 我去公园散步。
3) 我明年去中国留学。
4) 他经常帮朋友的忙。
5) 我弟弟今年高中毕业。

3 다음 문장을 중국어로 옮겨 보세요.

1) 他们去电影院看电影。
2) 很多中国人来韩国旅游。
3) 你看不看韩国电视剧?
4) 我星期六不上班。
5) 我们一起去海边玩儿。

02 | 간단한 서술문 2

1. 주장의 표현 '觉得'

2 틀린 부분을 찾아 고쳐 보세요.

1) 我觉得交通不方便。

2) 你觉得这个电影怎么样?
3) 我觉得肚子有点儿不舒服。
4) 我以为自己是对的，原来我错了。
5) 我以为她是日本人，没想到她是韩国人。

3 다음 문장을 중국어로 옮겨 보세요.
1) 我觉得咖啡很好喝。
2) 我觉得他脑子不笨。
3) 我觉得生活很充实。
4) 你觉得他的想法对吗?
5) 你觉得那里的生活环境怎么样?

2. 계획의 표현 '打算'

2 올바른 순서로 배열하여 문장을 만들어 보세요.
1) 你今年有什么新的计划?
2) 你弟弟打算报考哪个大学?
3) 这个周末他打算回家看父母。
4) 现在韩国很多年轻人不打算结婚。
5) 中秋节你打算跟家人一起去旅行吗?

3 다음 문장을 중국어로 옮겨 보세요.
1) 我打算大学毕业后创业。
2) 今年夏天我不打算去度假。
3) 这个周末我打算和女朋友约会。
4) 你打算什么时候去中国留学?
5) 我这个假期没有什么特别的计划。

3. 기호의 표현 '喜欢'

2 올바른 순서로 배열하여 문장을 만들어 보세요.
1) 我很喜欢看视频。
2) 美食是我的最爱。
3) 你最喜欢什么运动?
4) 我喜欢一个人去旅行。
5) 泡菜太辣，我不爱吃。

3 다음 문장을 중국어로 옮겨 보세요.
1) 他不喜欢抽烟。
2) 你喜欢看什么电影?
3) 我喜欢一个人吃饭、喝酒。
4) 很多中国人喜欢看韩剧。
5) 我爱吃猪肉，不爱吃牛肉。

4. 변화의 표현 '了'

2 올바른 순서로 배열하여 문장을 만들어 보세요.
1) 雨停了，咱们出发吧。

2) 秋天了，天气凉快多了。
3) 听说你哥哥有女朋友了?
4) 他爷爷的头发变白了。
5) 天没亮，他就起床了。

3 다음 문장을 중국어로 옮겨 보세요.
1) 减肥后，她苗条多了。
2) 我身体不舒服，不去玩儿了。
3) 听说你感冒了，好了吗?
4) 我有钱了，不用担心了。
5) 肚子饿了，我们去吃饭吧。

03 | 의문의 표현

1. 예 / 아니오 의문문

2 지시에 따라 의문문으로 바꿔 보세요.
1) 你喜欢吃烤肉吗?
2) 你打算去日本旅行吗?
3) 杭州西湖风景很美吧?
4) 最近你的工作很忙吧?
5) 你觉得这首歌好听吗?

3 다음 문장을 중국어로 옮겨 보세요.
1) 你参加明天的会议吗?
2) 这是你小时候的照片吧?
3) 最近每天宅在家里吧?
4) 你喜欢看足球比赛吗?
5) 大学毕业后工作很难找吧?

2. 정반의문문

2 틀린 부분을 고쳐 보세요.
1) 你用不用平板电脑?
2) 他明天来不来学校?
3) 你们开心不开心?
4) 他们已经出发了没有?
5) 鞋的大小合(适)不合适?

3 다음 문장을 중국어로 옮겨 보세요.
1) 首尔夏天热不热?
2) 你参(加)不参加晚会?
3) 你到底相(信)不相信我?
4) 你有没有给他发短信?
5) 你看，我女朋友漂(亮)不漂亮?

3. 의문대명사 의문문

1 밑줄 친 부분을 의문대명사를 사용하여 의문문을 만들어 보세요.

1) 谁教你们汉语?
2) 你的专业是什么?
3) 这是谁的书包?
4) 你们什么时候考试?
5) 你家有几口人?
6) 他在哪儿工作?
7) 你们学校有多少留学生?
8) 我们认识多长时间了?
9) 你男友有多高?
10) 我们怎么去上海?

2 틀린 부분을 고쳐 보세요.

1) 我们什么时候见面?
2) 你打算买什么东西?
3) 你弟弟今年多大?
4) 我怎么跟你联系?
5) 你爷爷多大年纪了?

3 다음 문장을 중국어로 옮겨 보세요.

1) 你爱喝什么茶?
2) 一个月的工资有多少?
3) 你一般几点下班?
4) 这事儿我该怎么办?
5) 韩国四季气候怎么样?
6) 你最喜欢的歌手是谁?
7) 假期你打算去哪儿旅行?
8) 你在这家公司工作多长时间了?
9) 你的家离这儿有多远?
10) 他在哪个大学学习?

4. 선택의문문 '是~还是'

2 올바른 순서로 배열하여 문장을 만들어 보세요.

1) 你们两个人是朋友还是恋人?
2) 你打算去上海玩儿还是去北京玩儿?
3) 你早上吃面包还是吃米饭?
4) 你咖啡喝冰的还是热的?
5) 我们去吃中餐还是去吃西餐?

3 다음 문장을 중국어로 옮겨 보세요.

1) 你喜欢她还是喜欢我?
2) 看电视剧还是看综艺节目?
3) 我们坐飞机去还是坐高铁去?
4) 周末一般看电视或者去健身房运动。
5) 今天午饭吃炸酱面或者吃意大利面都行。

5. '呢'를 사용한 의문문

1 '呢'를 사용하여 의문문을 만들어 보세요.

1) 你的车呢?
2) 我反对,你呢?
3) 我的相机呢? 怎么不见了?
4) 我喜欢学习外语,你呢?

2 올바른 순서로 배열하여 문장을 만들어 보세요.

1) 我喝珍珠奶茶,你呢?
2) 我的手机呢? 你看见了吗?
3) 我爱玩儿电脑游戏,你呢?
4) 我们去哪家餐厅好呢?
5) 你说,我送他什么好呢?

3 다음 문장을 중국어로 옮겨 보세요.

1) 北京冬天常常下雪,首尔呢?
2) 韩国中秋节休息三天,中国呢?
3) 我爱吃清淡的,你呢?
4) 我的车钥匙呢? 怎么不见了?
5) 今年春节我们怎么过好呢?

04 | 명령과 감탄의 표현

1. 명령의 표현

2 올바른 순서로 배열하여 문장을 만들어 보세요.

1) 餐厅里不许抽烟。
2) 上课的时候别说话。
3) 以后别再迟到了。
4) 不要相信他的话。
5) 以后咱们一起努力吧。

3 다음 문장을 중국어로 옮겨 보세요.

1) 这里不许拍照。
2) 都九点了,快起床。
3) 下班后我们一起去喝一杯。
4) 这是我家里事,你别管。
5) 我全知道了,你别再骗我了。

2. 청유의 표현

2 올바른 순서로 배열하여 문장을 만들어 보세요.

1) 我用一下儿你的相机,行吗?
2) 你帮我买一本书,好吗?

3) 你帮我翻译翻译，行不行?
4) 周末咱们一起聚一下，怎么样?
5) 你教我唱中国歌，好不好?

3 다음 문장을 중국어로 옮겨 보세요.
1) 晚饭后一起去看电影，怎么样?
2) 你的笔借我用一下，行吗?
3) 你替我去商店买瓶水，好吗?
4) 你能陪我去一下医院吗?
5) 你能替我查一下资料吗?

3. 감탄의 표현
2 올바른 순서로 배열하여 문장을 만들어 보세요.
1) 桂林的山水多美啊!
2) 最近餐厅的生意好极了!
3) 这次会议日程太紧张了!
4) 咖啡真香啊! 给我来一杯。
5) 我累死了，想歇一会儿。

3 다음 문장을 중국어로 옮겨 보세요.
1) 周围商店很多，买东西真方便!
2) 这么简单的都不会! 真笨!
3) 这几天忙死了，周末想好好休息一下。
4) 中国菜的种类多极了!
5) 我的头发太长了，想剪短一点儿。

05 수량의 표현

1. 수사의 용법
1 '二'과 '两' 중 알맞은 것을 선택하여 빈칸을 채운 후 문장을 적어 보세요.
1) 两 2) 二 3) 二 4) 两

2 틀린 부분을 고쳐 보세요.
1) 不少女孩子都喜欢抽烟。
2) 我请了几个朋友来吃饭。
3) 我有两张棒球赛的票。
4) 他三十二岁了，还没结婚。
5) 这些鸡都是我妈妈养的。

3 다음 문장을 중국어로 옮겨 보세요.
1) 很多年轻人都准备考公务员。
2) 我弟弟是2008年出生的。
3) 这个牌子的鞋一双要三千多元。
4) 我家养了两只可爱的小猫。
5) 十多个学生在这次比赛中得奖了。

2. 양사의 용법
1 빈칸에 알맞은 양사를 넣은 후 수량사구를 적어 보세요.
1) 条/张 2) 台/张 3) 家/件/本 4) 只/片/双

2 틀린 부분을 고쳐 보세요.
1) 这台洗衣机很好用。
2) 树上有一对鸟。
3) 我买了一本杂志。
4) 这件毛衣多少钱?
5) 我已经去过中国三次了。

3 다음 문장을 중국어로 옮겨 보세요.
1) 给我一瓶冰啤酒。
2) 我想喝一杯橙汁。
3) 我打算买一条牛仔裤。
4) 这本小说很有意思，我看了两遍。
5) 这家餐厅每天客人都很多。

3. 어림수의 표현
1 틀린 부분을 고쳐 보세요.
1) 这件衣服要人民币一千多块钱。
2) 国庆节前后我们一起聚一下吧。
3) 他去超市买了十来个苹果。
4) 他很年轻，看上去二十三四岁。
5) 我在车站等了一个小时左右。

2 올바른 순서로 배열하여 문장을 만들어 보세요.
1) 这几本书都很有意思。
2) 这个城市有两千多年历史。
3) 有三四百人参加了会议。
4) 这件行李有二十来公斤重。
5) 他每天晚上七点左右下班。

3 다음 문장을 중국어로 옮겨 보세요.
1) 搬到首尔已经一个多月。
2) 韩国大学生一个月的生活费60万元左右。
3) 今天去书店买了几本参考书。
4) 中秋节前后打算回老家看父母。
5) 进公司初薪大概三千元左右。

4. '一点儿' vs '有点儿'
2 틀린 부분을 고쳐 보세요.
1) 我会说一点儿日语。
2) 这台空调有点儿旧。

3) 今天早上我吃了一点儿面条。
4) 他吃了一点儿药，感冒好了一点儿。
5) 风有点儿大，多穿一点儿衣服。

3 다음 문장을 중국어로 옮겨 보세요.
1) 肚子有点儿饿，去买一点儿东西吃。
2) 这菜有点儿咸，再放点儿水。
3) 休息了几天，身体好一点儿了。
4) 这衣服有点儿小，有大一点儿的吗?
5) 我就喝了一点儿啤酒，一点儿也没醉。

06 | 시간과 공간의 표현

1. 시간사의 용법

2 틀린 부분을 고쳐 보세요.
1) 他想在美国学习十个月。
2) 我每天睡八个小时左右。
3) 你星期天一般几点起床?
4) 我十点半在学校门口等你。
5) 我跟父母在农村生活了三年。

3 다음 문장을 중국어로 옮겨 보세요.
1) 棒球比赛从五点半开始。
2) 我们一个小时后在地铁站见面。
3) 我研究生毕业已经两年了。
4) 上课的时候，不可以和同桌聊天。
5) 这个暑假我打算在奶奶家住两个月左右。

2. 반복 및 시간을 나타내는 부사

2 '再, 又, 就, 才' 중 하나를 선택하여 빈칸을 채워 보세요.
1) 就   2) 又   3) 才(就)   4) 又   5) 才

3 다음 문장을 중국어로 옮겨 보세요.
1) 我的笔记本电脑又坏了。
2) 你再给他打个电话问问。
3) 那件事儿怎么现在才告诉我?
4) 他才三十岁，就成了公司老板。
5) 这家餐厅真不错，我们下次再来。

3. 처소사의 용법

2 틀린 부분을 고쳐 보세요.
1) 我们在火车上聊天。
2) 你的护照在旅行包里。
3) 书架上有很多书。
4) 他在操场上跑步。

5) 下课后我去老师那儿借书。

3 다음 문장을 중국어로 옮겨 보세요.
1) 这栋楼旁边有停车场。
2) 在马路对面的车站坐公交车。
3) 抽屉里有眼镜、钱包等东西。
4) 那家面包店就在那个楼的后边。
5) 我住的公寓小区附近有一条小河。

4. 기점과 종점을 나타내는 표현

2 틀린 부분을 고쳐 보세요.
1) 火车站离这儿有点儿远。
2) 离高中毕业还有一年。
3) 我昨天学习到晚上十二点。
4) 明天早上我们从学校出发。
5) 我爸爸每天工作到晚上八点。

3 다음 문장을 중국어로 옮겨 보세요.
1) 离春节还有一个月。
2) 孩子从昨天晚上开始发烧。
3) 他从六岁起就开始学弹钢琴了。
4) 到现在他也没有给我发电子邮件。
5) 从首尔到釜山开车去要四个小时。

07 | 능력, 가능, 허가, 소망, 당위의 표현

1. 능력을 나타내는 표현 '会'

2 틀린 부분을 고쳐 보세요.
1) 我的腿好了，能骑车了。
2) 我一顿能吃两碗饭。
3) 你能看懂这本书吗?
4) 明天不会下雨，我们去爬山吧。
5) 她很能说，一说就是一个多小时。

3 다음 문장을 중국어로 옮겨 보세요.
1) 我会滑雪，我教你吧。
2) 我不会画画儿，我想学。
3) 别担心，他一定会来的。
4) 我一分钟能游一百米左右。
5) 听说你很会做中国菜，是真的吗?

2. 가능을 나타내는 표현 '能'

2 올바른 순서로 배열하여 문장을 만들어 보세요.
1) 这个活动你能参加吗?
2) 我一分钟能打一百多个字。

3) 明天我有事，不能去见你了。
4) 没有学生证，你不能借书。
5) 他住院了，不能来参加会议了。

3 다음 문장을 중국어로 옮겨 보세요.
1) 晚上九点前你能回家来吗?
2) 这些菜都很辣，你能吃吗?
3) 他病了，不能去公司上班了。
4) 我特别喜欢喝咖啡，一天能喝五杯。
5) 不戴口罩的话，不能坐地铁。

3. 허가를 나타내는 표현 '可以'

2 '会, 能, 可以' 중 하나를 선택하여 빈칸을 채우고 문장도 적어 보세요.
1) 可以(能) 2) 能(可以) 3) 会, 可以 4) 能 5) 能

3 다음 문장을 중국어로 옮겨 보세요.
1) 这里可以停车吗?
2) 这双鞋我可以穿一下吗?
3) 这部电影15岁以下的青少年不可以看。
4) 衣服不合适的话，可以来商店退换。
5) 有事的话，你可以打电话跟我联系。

4. 소망을 나타내는 표현 '想, 要'

2 올바른 순서로 배열하여 문장을 만들어 보세요.
1) 我非常想去中国学汉语。
2) 你一定要跟我说实话。
3) 今天我不想在家做饭吃。
4) 你想跟那个男孩交往吗?
5) 这次比赛你要不要参加?

3 다음 문장을 중국어로 옮겨 보세요.
1) 你想去哪个国家旅行?
2) 这个暑假我想报游泳班。
3) 不少年轻人想一个人生活。
4) 明天我没空，我要准备考试。
5) 去博物馆参观，不用买票。

5. 의무, 당위를 나타내는 표현 '得, 应该'

2 틀린 부분을 고쳐 보세요.
1) 你不应该浪费水。
2) 病不太严重，不用住院。
3) 坐高铁去应该要三个小时。
4) 他还是个孩子，不应该这样骂他。
5) 一米以下的儿童不用买票。

3 다음 문장을 중국어로 옮겨 보세요.
1) 发高烧了，得去医院看看。
2) 你说，这个问题我应该怎么处理?
3) 我在你身边，你不用担心。
4) 外出回来，一定得把手洗干净。
5) 作为子女，当然应该孝敬父母。

08 | 시태의 표현

1. 가까운 미래의 표현 '要+동사~了'

2 올바른 순서로 배열하여 문장을 만들어 보세요.
1) 他们过半小时就要出发了。
2) 去站台吧，火车快要进站了。
3) 快期末考试了，我得复习。
4) 中国代表团将来韩国访问。
5) 足球比赛马上就要结束了。

3 다음 문장을 중국어로 옮겨 보세요.
1) 快进去，演唱会马上就要开始了。
2) 天阴了，快要下雨了。
3) 我男朋友下个月就要去参军了。
4) 快放假了，你打算去哪儿旅行?
5) 张教授将参加下个月的国际学术大会。

2. 진행의 표현 '在/正/正在+동사'

2 틀린 부분을 고쳐 보세요.
1) 他还在睡觉呢。
2) 我总是在想一个问题。
3) 学生们没在上课。
4) 他在家打扫房间呢。
5) 一上午她一直在做家务。

3 다음 문장을 중국어로 옮겨 보세요.
1) 他正在办登机手续。
2) 他们没休息，正在讨论问题呢。
3) 我到家的时候，妈妈正在做饭呢。
4) 明天这个时候我可能正在上网课。
4) 昨天我去他宿舍的时候，他正在玩游戏呢。

3. 지속의 표현 '동사+着'

2 틀린 부분을 고쳐 보세요.
1) 他办公室的门没开着。
2) 桌子上放着一个花瓶。
3) 我的手提包里放着很多东西。

5) 张老师站着给学生们上课呢。

3 다음 문장을 중국어로 옮겨 보세요.

1) 楼前停着几辆汽车。
2) 导游笑着给游客们介绍景点。
3) 房间的灯亮着，看来他还没睡。
4) 我家离学校很近，每天走着回家。
5) 我到家的时候，爸爸正躺着看电视呢。

4. 완료의 표현 '동사+了'

2 틀린 부분을 고쳐 보세요.

1) 我上周六晚上没看电影。
2) 昨天我去商场买了一双运动鞋。
3) 去年我每天去健身房运动。
4) 明天我下了班就去你家找你。
5) 小时候我们经常去河边玩。

3 다음 문장을 중국어로 옮겨 보세요.

1) 我上个周末去公园玩儿了。
2) 我妹妹大学还没毕业呢。
3) 放了假我打算去咖啡馆打工。
4) 我昨天和朋友看了一场棒球赛。
5) 感冒药吃了吗? 身体好点儿了没有?

5. 경험의 표현 '동사+过'

2 틀린 부분을 고쳐 보세요.

1) 我没吃过麻辣烫。
2) 他去四川旅游过。
3) 你喝过青岛啤酒没有?
4) 我知道他以前离过婚。
5) 上大学的时候我们就认识了。

3 다음 문장을 중국어로 옮겨 보세요.

1) 到现在为止我没喝醉过酒。
2) 我一个人没去国外旅行过。
3) 韩国有名的参鸡汤你吃过吗?
4) 你以前做过什么坏事儿吗?
5) 这家咖啡馆的甜点我吃过一次。

09 | 비교의 표현

1. '比'를 사용한 비교 '~보다~'

2 틀린 부분을 고쳐 보세요.

1) 他的考试成绩没有上次好。
2) 他比他太太大三岁。
3) 这台电脑比那台贵多了 / 得多。
4) 晚上比白天冷一点儿。
5) 有了手机，生活比以前方便多了 / 得多。

3 다음 문장을 중국어로 옮겨 보세요.

1) 我比他更喜欢你。
2) 男朋友比我大五岁。
3) 她比以前年轻多了。
4) 这顶帽子比那顶贵一点儿。
5) 钱重要，但健康比钱更重要。

2. '有'를 사용한 비교 '~만큼~'

2 올바른 순서로 배열하여 문장을 만들어 보세요.

1) 我的生活没有以前那么轻松。
2) 我的学历没有你高。
3) 我没有你这么爱喝酒。
4) 我打乒乓球没有他打得好。
5) 你们那儿的物价有这儿这么便宜?

3 다음 문장을 중국어로 옮겨 보세요.

1) 我的汉语水平没有你高。
2) 你学习有他那么努力吗?
3) 我的酒量没有你大。
4) 我唱歌唱得没有你好。
5) 你有他那么爱玩游戏吗?

3. '跟~一样'을 사용한 비교 '~와 같다'

2 올바른 순서로 배열하여 문장을 만들어 보세요.

1) 这个词的用法跟那个词不一样。
2) 跟电影相比，我更喜欢看电视剧。
3) 这条裤子跟那条一样长。
4) 奶酪跟牛奶一样有营养。
5) 你戴的手表跟我的一样。

3 다음 문장을 중국어로 옮겨 보세요.

1) 今年高考跟去年一样难。
2) 我跟他一样喜欢打篮球。
3) 跟桔子相比，我更喜欢吃苹果。
4) 我用的笔记本电脑的牌子跟他的一样。
5) 韩国人的生活习惯跟中国人差不多。

10 | 강조의 표현

1. '连~都/也'를 이용한 강조문

2 틀린 부분을 고쳐 보세요.

1) 我孩子连一个汉字都不认识。
   2) 这个秘密连父母也不知道。
   3) 我在这儿一个朋友也没有。
   4) 他连看都不看我就走过去了。
   5) 他连一口茶都没有喝就走了。

   3 다음 문장을 중국어로 옮겨 보세요.
   1) 我连她的电话号码都不知道。
   2) 他累得连饭都不想吃。
   3) 他的歌连孩子们都爱唱。
   4) 连最好的朋友也离开了他。
   5) 他今天起晚了，连头也没洗就上学了。

2. '是~的' 강조문
   2 올바른 순서로 배열하여 문장을 만들어 보세요.
   1) 你什么时候起床的?
   2) 我不是一个人看的电影。
   3) 我朋友明天到北京。
   4) 我是留学的时候认识他的。
   5) 这部电影在哪儿拍摄的?

   3 다음 문장을 중국어로 옮겨 보세요.
   1) 昨天晚上你几点回家的?
   2) 你和男朋友是怎么认识的?
   3) 我看的书都是在网上买的。
   4) 我今天不是来跟你吵架的。
   5) 你什么时候大学毕业的? 是哪个大学毕业的?

3. 기타 강조문
   2 올바른 순서로 배열하여 문장을 만들어 보세요.
   1) 我不是跟同屋一起去旅行的。
   2) 我就买了一件T恤衫。
   3) 父母的话你不能不听。
   4) 以后谁的话我都不相信。
   5) 世界上没有不喜欢钱的人。

   3 다음 문장을 중국어로 옮겨 보세요.
   1) 他就是你要找的那个人。
   2) 去哪家餐厅吃都可以。
   3) 昨天晚上就喝了杯红酒。
   4) 你不是跟我约好一起去吗?
   5) 病得很厉害，不住院不行。

11 | 문장의미의 확장

1. 관형어와 그의 표지 '的'
   2 올바른 순서로 배열하여 문장을 만들어 보세요.
   1) 他是我一生最爱的人。
   2) 这是非常有趣的一件事儿。
   3) 他的那两个孩子都结婚了。
   4) 这条红裙子是我老同学送我的。
   5) 杭州是一个非常美丽的旅游城市。

   3 다음 문장을 중국어로 옮겨 보세요.
   1) 运动是我减轻压力的一个办法。
   2) 他以前给我写的信我都保管着。
   3) 不打算生孩子的夫妇越来越多。
   4) 他有丰富的营销工作经验。
   5) 现在我背的包是朋友送我的生日礼物。

2. 부사어와 그의 표지 '地'
   2 올바른 순서로 배열하여 문장을 만들어 보세요.
   1) 他对我冷冷地笑了一声。
   2) 我顺利地通过了这次考试。
   3) 他在床上舒舒服服地睡了一觉。
   4) 以前我经常跟朋友一起去滑雪。
   5) 学生们非常专心地在听老师讲课。

   3 다음 문장을 중국어로 옮겨 보세요.
   1) 对于这个问题你好好考虑一下。
   2) 他给我们详细介绍了公司的情况。
   3) 时间已经来不及了，快坐车出发吧。
   4) 他非常生气地打了她一巴掌。
   5) 孩子很安静地坐在椅子上看着书。

3. 결과보어
   2 틀린 부분을 고쳐 보세요.
   1) 他吃完饭就出去散步了。
   2) 我没听清楚你说的话，你再说一遍。
   3) 我昨天晚上电视看到了十二点。
   4) 你放心，你的话我都记住了。
   5) 我订晚了，没订到火车票。

   3 다음 문장을 중국어로 옮겨 보세요.
   1) 大号的衬衣全都卖完(光)了。
   2) 我没找到(着)弄丢的照相机。
   3) 昨晚热得一夜没睡着觉。
   4) 明天的会议资料都准备好了吗?
   5) 不学好汉语，我就不回韩国。

4. 방향보어

2 틀린 부분을 고쳐 보세요.

1) 他上个月就回韩国去了。
2) 外边冷，快进屋里去。
3) 我想起他的名字来了。
4) 他从口袋里拿出手机来。
5) 毕业后我也会一直学下去的。

3 다음 문장을 중국어로 옮겨 보세요.

1) 他从抽屉里拿出一本相册来。
2) 窗外突然下起雪来。
3) 我忘了带身份证来了。
4) 他拿着包走进酒店里去了。
5) 经过抢救，病人终于醒过来了。

5. 정태보어

2 틀린 부분을 고쳐 보세요.

1) 她唱歌唱得非常好听。
2) 我弟弟游泳游得很快。
3) 他每天起床起得很早。
4) 昨天我们玩得很高兴。
5) 他踢足球踢得不好。

3 다음 문장을 중국어로 옮겨 보세요.

1) 这次期末考试你考得好吗？
2) 她的女儿长得非常可爱。
3) 工作了一整天，累死了。
4) 你做泡菜做得好吃吗？
5) 这个项目准备得怎么样了？

6. 가능보어

2 틀린 부분을 고쳐 보세요.

1) 里边正在考试，你不能进去。
2) 我喝了咖啡，晚上就会睡不着觉。
3) 我担心这次考试会考不好。
4) 这是秘密，你不能说出去。
5) 那个讲座你听得懂听不懂？

3 다음 문장을 중국어로 옮겨 보세요.

1) 我想不出好的办法来，你帮帮我。
2) 这报告两天内写得完吗？
3) 他的感冒很厉害，明天上不了班了。
4) 这箱子太重，我一个人搬不动。
5) 雨下得很大，学校运动会开不了了。

7. 수량보어

2 틀린 부분을 고쳐 보세요.

1) 我以前见过他一次，印象不深。
2) 他昨天上了六个小时课，很累。
3) 你快点儿，我在门口等你一下。
4) 你跟前女友分手多长时间了？
5) 我去她的房间聊了一会儿天。

3 다음 문장을 중국어로 옮겨 보세요.

1) 我去过上海一次，以后还想去。
2) 她昨天看了一个小时视频后就睡觉了。
3) 我没听清楚你的话，你能再说一遍吗？
4) 他离开北京三年了，那时的生活还记得很清楚。
5) 我学了三个月的网球了，还是打得不太好。

12 | 특수구문

1. 연동문(连动文)

2 틀린 부분을 고쳐 보세요.

1) 我工作以前去美国旅行过。
2) 他昨天放学后去同学家玩了。
3) 他下了班就去幼儿园接孩子。
4) 你应该常回老家看看父母。
5) 外国人不习惯用筷子吃饭。

3 다음 문장을 중국어로 옮겨 보세요.

1) 他最近很忙，没时间锻炼身体。
2) 我早上起床后开车送她去机场了。
3) 他大学毕了业就自己开了家公司。
4) 去年夏天我和他两人去杭州旅行了。
5) 我打算放了假就去贸易公司实习。

2. 겸어문(兼语文)

2 틀린 부분을 고쳐 보세요.

1) 我能让你学会游泳。
2) 妈妈不让我跟他谈恋爱。
3) 没有一个人真正地爱我。
4) 他上周请我看了一场演唱会。
5) 公司想派他去中国分公司工作。

3 다음 문장을 중국어로 옮겨 보세요.

1) 谁让你这么做的？
2) 父母不让他报考这所大学。

3) 我让他安排这次旅行日程。
4) 他让你别离开，留在他身边。
5) 朋友让我帮他了解一下情况。

3. 존현문(存现文)

2 틀린 부분을 고쳐 보세요.

1) 前边走过来一个漂亮的女孩。
2) 那张桌子上有一本手册。
3) 手提包里放着一些化妆品。
4) 昨天出了一起交通事故。
5) 我的电脑里存着很多文件。

3 다음 문장을 중국어로 옮겨 보세요.

1) 我们办公室走了一名职员。
2) 书店新进了一批图书。
3) 那张沙发上躺着一个人。
4) 上周我们小区发生了一起火灾。
5) 房间里走出一个穿西装的男人。

4. '把'자문

2 틀린 부분을 고쳐 보세요.

1) 我把那双运动鞋洗干净了。
2) 他听不明白我的话。
3) 你可以把这些旧衣服扔了。
4) 他没把借的钱还给我。
5) 我想把这本小说翻成韩语。

3 다음 문장을 중국어로 옮겨 보세요.

1) 我已经把钱存在银行了。
2) 他不小心把杯子打破了。
3) 我把笔记本电脑借给同学了。
4) 肉熟了以后，把它盛在盘子里。
5) 他还没有把要带的行李准备好。

5. '被'자문

2 틀린 부분을 고쳐 보세요.

1) 我新买的手表叫他摔坏了。
2) 他今天没被老师批评。
3) 那个孩子被人绑架了。
4) 小张已经被公司解雇了。
5) 我的数码相机被孩子弄坏了。

3 다음 문장을 중국어로 옮겨 보세요.

1) 他的钱包被小偷偷走了。
2) 他的腿被狗咬伤了。
3) 他被妈妈骂了一顿。
4) 我的太阳镜被他摔破了。
5) 他打伤了人，最后被学校给开除了。

13 | 복문

1. 병렬복문

2 올바른 순서로 배열하여 문장을 만들어 보세요.

1) 他的秘书既聪明又能干。
2) 妈妈一边收拾房间，一边唠叨。
3) 你先考虑一下，然后再做决定。
4) 晚上不是玩手机，就是看电视。
5) 平时孩子们一放学，就去补习班学习。

3 다음 문장을 중국어로 옮겨 보세요.

1) 不是我不想帮你，而是我没有能力帮你。
2) 这个时间她不是在做家务，就是在超市买菜。
3) 我打算先学习一年汉语，然后进大学读本科。
4) 要么报考传媒专业，要么报考工商管理专业，选择你感兴趣的领域。
5) 抽烟不仅对自己身体有害，而且对他人的身体也有害。

2. 종속복문

2 알맞은 접속사로 빈칸을 채워 보세요.

1) 因为~所以   2) 不管~都   3) 为了
4) 虽然~但是   5) 如果(要是)~就

3 다음 문장을 중국어로 옮겨 보세요.

1) 他虽然长得很英俊，但是性格不太好。
2) 生活中如果有什么困难，就随时跟我联系。
3) 因为他帮助了我，所以我顺利解决了难题。
4) 不管你做什么决定，我都会尊重你的意见。
5) 如果坚持运动，就一定能达到减肥的效果。

모해연 저

연세대학교 문학박사(現代漢語語法전공)
(現) 이화여자대학교 중어중문학과 교수
(現) 국립국어원 공공용어 번역표준화위원회 자문의원
『SM 중국어 문법과 작문』, 『FOCUS 중국어 문법과 작문』, 『ESSENCE 중국어 문법과 작문』, 『중국어문법@EASY. FUN.COME』, 『칸칸 중국어 문법』, 『중국어뱅크 THE중국어』, 검인정 중·고등학교 중국어 교과서 등 10여 권의 저서가 있다.